한국어능력시험
TOPIK II
읽기

다락원

한국어능력시험
TOPIK Ⅱ 읽기 합격특강

지은이 전나영, 손성희
펴낸이 정규도
펴낸곳 (주)다락원

초판 1쇄 발행 2024년 3월 20일
초판 2쇄 발행 2025년 3월 20일

기획 권혁주, 김태광
편집 이후춘, 김효은

디자인 정현석, 최예원, 김민정
영상기획 홍범석, 박현
영상촬영·편집 전광욱, 최지훈

다락원
경기도 파주시 문발로 211
내용문의: (02)736-2031 내선 291~296
구입문의: (02)736-2031 내선 250~252
Fax: (02)732-2037
출판등록 1977년 9월 16일 제406-2008-000007호

Copyright©2024, 전나영, 손성희

저자 및 출판사의 허락 없이 이 책의 일부 또는 전부를 무단 복제·전재·발췌할 수 없습니다. 구입 후 철회는 회사 내규에 부합하는 경우에 가능하므로 구입문의처에 문의하시기 바랍니다. 분실·파손 등에 따른 소비자 피해에 대해서는 공정거래위원회에서 고시한 소비자 분쟁 해결 기준에 따라 보상 가능합니다. 잘못된 책은 바꿔 드립니다.

http://www.darakwon.co.kr

다락원 홈페이지를 방문하시면 상세한 출판 정보와 함께 MP3 자료 등 다양한 어학 정보를 얻으실 수 있습니다.

한국어능력시험
TOPIK II 읽기

머리말

전 세계적으로 K-컬처의 영향력이 커지면서 한국의 문화나 콘텐츠, 한국어에 대해 관심을 가지는 외국인이 지속적으로 증가하는 추세이다. 이에 따라 외국에서의 한국어 입지도 넓어져 외국 대학에서 한국어과를 개설하거나 한국어를 대입 시험과목으로 채택하는 국가가 많아지고 있다. 또한 한국 대학에서 공부하거나 한국 기업에 취업하고 싶어 하는 외국인의 수요도 늘어가고 있다.

한국어능력시험(TOPIK)은 한국어 사용 능력을 측정·평가할 수 있는 시험으로 한국에서 유학하거나 취업하고자 하는 외국인이라면 이 시험에 응시하여 각 요건을 충족시킬 수 있는 자격을 획득해야 한다. 한국어능력시험의 등급을 인정하는 기관이 많아지면서 응시자도 더욱 많아질 전망이다. 한국어능력시험의 응시자 수요가 많아짐에 따라 시험 시행 횟수가 늘어나고 있으며 시험을 실시하는 해외 지역도 확장되고 있다. 또한 인터넷 기반 시험(IBT)을 도입하여 더 많은 학습자가 시간과 장소의 제한 어려움 없이 응시할 수 있도록 편의를 제공하고 있다.

이에 따라 이 책은 한국어능력시험을 준비하는 학습자를 위해 기획되었다. 한국어능력시험을 준비하면서 가장 중요한 것은 시험 문제의 경향에 대한 파악과 다양한 문제 풀이를 통한 충분한 연습이다. 이 책에서는 학습자가 문제를 풀 때 어떤 점에 중점을 두고 문제를 이해해야 하는지 전략적으로 파악할 수 있도록 제시하였다. 또한 시험 경향에 맞춘 문제를 풀어봄으로써 문제 풀이 능력을 향상시킬 수 있도록 구성하였다. 혼자 학습하는 학습자를 위해 동영상 강의도 제공하여 시험 준비에 서툰 학습자들에게 도움을 주고자 하였다.

이 책으로 한국어능력시험을 준비하는 학습자들이 필요한 자격을 얻을 수 있기를 바라며 한국 생활이나 업무 수행에 필요한 언어 기능을 정확하고 유창하게 수행하여 정치, 경제, 사회, 문화 전반에 걸쳐 자유롭게 이해하고 사용할 수 있기를 기대한다.

이 책의 특징

이 책은 한국어능력시험(TOPIK)의 문제를 분석해서 토픽Ⅱ 읽기 50문제를 4개 유형으로 분류했다. 한 지문에 한 문제만 연습할 수 있도록 해서 총 100개의 문제를 학습할 수 있도록 구성했다.

☞ 유형❶은 알맞은 표현을 찾아 문장을 완성하는 문제 유형이다.
☞ 유형❷는 문장을 순서대로 나열하여 글을 완성하는 문제 유형이다.
☞ 유형❸은 내용을 읽고 전체적인 내용을 파악하는 문제 유형이다. 광고문의 의미 파악하기, 글의 주제 파악하기, 글쓴이의 감정 파악하기, 머리기사의 의미 파악하기 등이 있다.
☞ 유형❹는 내용을 읽고 세부적인 내용을 파악하는 문제 유형이다. 안내문의 내용 파악하기, 그래프의 내용 파악하기, 기사의 내용 파악하기, 수필의 내용 파악하기, 설명문의 내용 파악하기, 소설의 내용 파악하기, 칼럼의 내용 파악하기 등 다양한 텍스트의 내용 파악하기 등이다.

지문의 내용은 사회, 경제, 문화 등 다양한 내용을 연습할 수 있도록 구성했으며 개인적인 상황과 공적인 상황의 연습을 골고루 구성했다. 또한 한국어능력시험에 출제되는 광고문, 신문 기사, 기사 제목, 수필, 소설 등 다양한 텍스트를 활용하여 연습할 수 있도록 구성했다.

【유형A】의 문제 풀이 강의를 무료강의로 제공한다.

합격특강 한국어능력시험 TOPIK II 읽기

문제를 풀 때 도움이 되는 방법을 **【전략】**으로 제시했다.
【전략】을 참고하여 문제를 풀어보자.

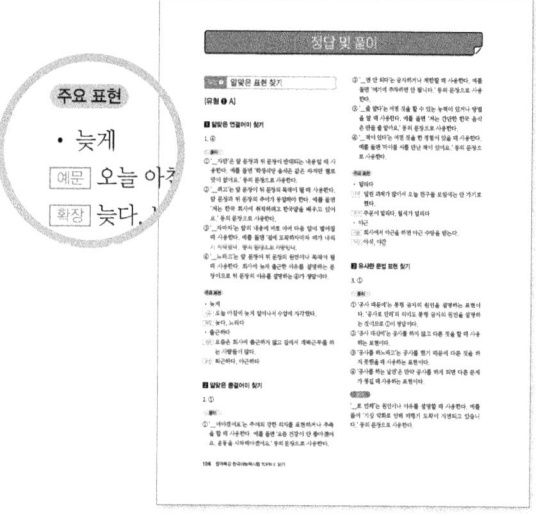

각 지문에서 학습 목표가 되는 표현을 **【주요 표현】**으로 제시했다.

【예문】은 표현에 대한 이해를 돕기 위해서 **【주요 표현】**에서 제시한 표제어가 사용된 문장을 제시했다.

【확장】은 **【주요 표현】**에서 제시한 표제어와 유사한 의미의 표현, 반대 의미의 표현, 호응하는 명사나 서술어 등 표제어와 같이 공부하면 효과적인 표현을 제시했다.

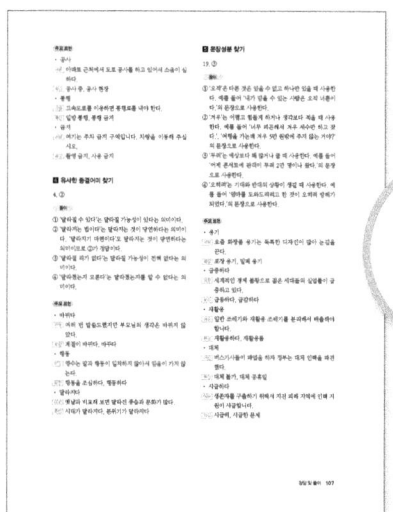

【풀이】는 문제의 정답에 대한 풀이이다. 어떻게 정답이 되는지, 왜 오답인지를 설명해 준다.

TOPIK II 시험 안내

01 시험 목적
- 한국어를 모국어로 하지 않는 재외동포·외국인의 한국어 학습 방향 제시 및 한국어 보급 확대
- 한국어 사용 능력을 측정·평가하여 그 결과를 국내 대학 유학 및 취업 등에 활용

02 응시 대상
응시 자격 제한이 없으나 재외동포 및 한국어를 모국어로 사용하지 않는 외국인 한국어 학습자 및 국내 대학 유학 희망자, 국내외 한국 기업체 및 공공기관 취업 희망자, 외국 학교에 재학 중이거나 졸업한 재외국민

03 시험의 주요 활용처
- 외국인 및 재외동포의 국내 대학(원) 입학 및 졸업
- 정부 초청 외국인 장학생 프로그램 진학 및 학사관리
- 국내외 기업체 및 공공기관 취업
- 국외 대학의 한국어 관련 학과 학점 및 졸업요건
- 영주권/취업 등 체류비자 취득

04 토픽 II PBT 시험 수준 및 평가 등급

영역	시험시간	유형	문항수	배점	급수 구분 점수
듣기	110분	선다형	50	100	[3급] 120 ~ 149
쓰기		서답형	4	100	[4급] 150 ~ 189
읽기	70분	선다형	50	100	[5급] 190 ~ 229 [6급] 230 ~ 300

05 등급별 평가 기준

급	
3급	• 일상생활을 영위하는 데 별 어려움을 느끼지 않으며 다양한 공공시설의 이용과 사회적 관계 유지에 필요한 기초적 언어 기능을 수행할 수 있다. • 친숙하고 구체적인 소재는 물론, 자신에게 친숙한 사회적 소재를 문단 단위로 표현하거나 이해할 수 있다. • 문어와 구어의 기본적인 특성을 구분해서 이해하고 사용할 수 있다.
4급	• 공공시설 이용과 사회적 관계 유지에 필요한 언어 기능을 수행할 수 있으며, 일반적인 업무 수행에 필요한 기능을 어느 정도 수행할 수 있다. 또한 뉴스, 신문 기사 중 비교적 평이한 내용을 이해할 수 있다. 일반적인 사회적·추상적 소재를 비교적 정확하고 유창하게 이해하고 사용할 수 있다. • 자주 사용되는 관용적 표현과 대표적인 한국 문화에 대한 이해를 바탕으로 사회·문화적인 내용을 이해하고 사용할 수 있다.
5급	• 전문 분야에서의 연구나 업무 수행에 필요한 언어 기능을 어느 정도 수행할 수 있으며 정치, 경제, 사회, 문화 전반에 걸쳐 친숙하지 않은 소재에 관해서도 이해하고 사용할 수 있다. • 공식적·비공식적 맥락과 구어적·문어적 맥락에 따라 언어를 적절히 구분해 사용할 수 있다.
6급	• 전문 분야에서의 연구나 업무 수행에 필요한 언어 기능을 비교적 정확하고 유창하게 수행할 수 있으며 정치, 경제, 사회, 문화 전반에 걸쳐 친숙하지 않은 주제에 관해서도 이해하고 사용할 수 있다. • 원어민 화자의 수준에는 이르지 못하나 기능 수행이나 의미 표현에는 어려움을 겪지 않는다.

목차

머리말	005
이 책의 특징	006
TOPIK Ⅱ 시험 안내	008

유형1 알맞은 표현 찾기

유형1A 014

1. 알맞은 연결어미 찾기 014
2. 알맞은 종결어미 찾기 014
3. 유사한 문법 표현 찾기 015
4. 유사한 종결어미 찾기 015
5. 문장성분 찾기 016
6. 관용 표현 찾기 016
7. 맥락에 맞는 표현 찾기 017

유형1B 023

1. 알맞은 연결어미 찾기 023
2. 알맞은 종결어미 찾기 023
3. 유사한 문법 표현 찾기 024
4. 유사한 종결어미 찾기 024
5. 문장성분 찾기 025
6. 관용 표현 찾기 025
7. 맥락에 맞는 표현 찾기 026

Reading Plus 032

유형2 글의 순서 파악하기

유형2A 038

1. 각각의 문장을 순서에 맞게 배열하기 038
2. 주어진 문장이 들어갈 적당한 위치 찾기 039

유형2B 041

1. 각각의 문장을 순서에 맞게 배열하기 041
2. 주어진 문장이 들어갈 적당한 위치 찾기 042

Reading Plus 044

유형3 전체 내용 이해하기

유형3 A ··· 048
1. 광고문의 의미 파악하기 ··· 048
2. 글의 주제 파악하기 ··· 050
3. 머리기사의 의미 파악하기 ·· 055

유형3 B ··· 057
1. 광고문의 의미 파악하기 ··· 057
2. 글의 주제 파악하기 ··· 059
3. 머리기사의 의미 파악하기 ·· 064

Reading Plus ··· 066

유형4 세부 내용 이해하기

유형4 A ··· 072
1. 안내문의 내용 파악하기 ··· 072
2. 그래프의 내용 파악하기 ··· 073
3. 기사의 내용 이해하기 ·· 074
4. 수필의 내용 파악하기 ·· 076
5. 설명문의 내용 파악하기 ··· 078
6. 소설의 내용 파악하기 ·· 081
7. 칼럼의 내용 파악하기 ·· 083

유형4 B ··· 085
1. 안내문의 내용 파악하기 ··· 085
2. 그래프의 내용 파악하기 ··· 086
3. 기사의 내용 이해하기 ·· 087
4. 수필의 내용 파악하기 ·· 089
5. 설명문의 내용 파악하기 ··· 091
6. 소설의 내용 파악하기 ·· 094
7. 칼럼의 내용 파악하기 ·· 096

Reading Plus ··· 098

정답 및 풀이 ··· 105

알맞은 표현 찾기

1 알맞은 연결어미 찾기
토픽Ⅱ 읽기 1번 문제

2 알맞은 종결어미 찾기
토픽Ⅱ 읽기 2번 문제

3 유사한 문법 표현 찾기
토픽Ⅱ 읽기 3번 문제

4 유사한 종결어미 찾기
토픽Ⅱ 읽기 4번 문제

5 문장성분 찾기
토픽Ⅱ 읽기 19번 문제

6 관용 표현 찾기
토픽Ⅱ 읽기 21번 문제

7 맥락에 맞는 표현 찾기
토픽Ⅱ 읽기 16, 17, 18, 28, 29, 30, 31, 44, 49번 문제

[유형 A] 문제 풀이 무료 동영상 강의가 제공됩니다.
한 단계 더 높은 [유형 B] 문제 풀이 동영상 강의로 토픽 시험을 완벽하게 준비하세요.

유형 ❶ A

1 알맞은 연결어미 찾기 【토픽Ⅱ 읽기 1번 문제】

 ▶ 앞 문장과 뒤에 나오는 문장을 연결하는 문제이다.
▶ 앞 문장과 뒤 문장의 의미를 정확하게 이해해야 한다.

※ [1~2] (   )에 들어갈 말로 가장 알맞은 것을 고르십시오. (각 2점)

1. 오늘 아침에 병원에 (   ) 회사에 좀 늦게 출근했어요.
   ① 다녀오지만
   ② 다녀오려고
   ③ 다녀오자마자
   ④ 다녀오느라고

2 알맞은 종결어미 찾기 【토픽Ⅱ 읽기 2번 문제】

 ▶ 문장의 종결어미를 선택하는 문제이다.
▶ 문장의 의미를 정확하게 파악하는 것이 중요하다.

※ [1~2] (   )에 들어갈 말로 가장 알맞은 것을 고르십시오. (각 2점)

2. 밀린 일이 많아서 오늘은 야근을 (   ).
   ① 해야겠어요
   ② 하면 안 돼요
   ③ 할 줄 알아요
   ④ 한 적이 있어요

3 유사한 문법 표현 찾기 【토픽Ⅱ 읽기 3번 문제】

▶ 의미가 비슷한 문법 표현을 선택하는 문제이다.
▶ 문맥의 의미를 정확하게 이해해야 유사 표현을 찾을 수 있다.

※ [3~4] 밑줄 친 부분과 의미가 가장 비슷한 것을 고르십시오. (각 2점)

3. 도로 공사로 인해 이번 주까지 통행이 금지됩니다.
  ① 공사 때문에
  ② 공사 대신에
  ③ 공사를 하느라고
  ④ 공사를 하는 날엔

4 유사한 종결어미 찾기 【토픽Ⅱ 읽기 4번 문제】

▶ 의미가 비슷한 종결어미를 선택하는 문제이다.
▶ 문맥의 의미를 정확하게 이해해야 유사 표현을 찾을 수 있다.

※ [3~4] 밑줄 친 부분과 의미가 가장 비슷한 것을 고르십시오. (각 2점)

4. 생각이 바뀌면 행동도 달라지기 마련이다.
  ① 달라질 수 있다
  ② 달라지는 법이다
  ③ 달라질 리가 없다
  ④ 달라졌는지 모른다

5 문장성분 찾기 【토픽 II 읽기 19번 문제】

- ( ) 안에 들어갈 적당한 부사를 찾는 문제이다.
- 자주 출제되는 부사를 정리하여 익히는 것이 도움이 된다.

※ [19~20] 다음을 읽고 물음에 답하십시오. (각 2점)

> 최근 배달 음식 시장의 성장과 함께 플라스틱 용기의 사용도 급증했다. 배달 음식 이용자 1명이 연간 사용한 배달 음식 용기가 (　　　) 1,300여 개, 무게는 10.8kg이나 되는 것으로 나타났다. 그러나 배달 음식에 사용되는 플라스틱의 재활용은 45% 정도밖에 되지 않아 플라스틱 용기를 대체할 수 있는 대체물의 개발이 시급하다.

19. (　　)에 들어갈 말로 가장 알맞은 것을 고르십시오.
① 오직　　　　② 겨우　　　　③ 무려　　　　④ 오히려

• 20번 문제는 [유형 3] ❷에 있습니다.

6 관용 표현 찾기 【토픽 II 읽기 21번 문제】

- 글의 내용에 맞는 관용 표현을 찾는 문제이다.
- 앞과 뒤의 문장을 정확하게 이해하여 적절한 관용 표현을 찾아야 한다.

※ [21~22] 다음을 읽고 물음에 답하십시오. (각 2점)

> 요즘 백화점이 변화하고 있다. 특히 (　　　　　) 달라진 것은 콧대 높던 백화점들이 지역 맛집 유치에 공을 들이고 있다는 점이다. 백화점 매출의 핵심으로 식품이 떠오르며 유명 맛집을 입점시키기 위한 경쟁이 치열해졌다. 젊은 세대들 사이에서 줄 서는 맛집으로 알려진 가게를 백화점 매장으로 입점시켜 고객들을 모으려는 전략이다.

21. (　　)에 들어갈 말로 가장 알맞은 것을 고르십시오.
① 눈에 띄게
② 눈이 뒤집히게
③ 눈코 뜰 새 없이
④ 눈 깜짝할 사이에

• 22번 문제는 [유형 4] ❸에 있습니다.

7 맥락에 맞는 표현 찾기 【토픽Ⅱ 읽기 16번 문제】

- ( ) 안에 들어갈 적절한 표현을 찾는 문제이다.
- 앞부분에 ( )가 있으므로 뒤에 나오는 내용을 잘 파악해야 한다.
- 전체의 내용을 잘 파악하여 적절한 표현을 선택하는 것이 중요하다.

※ [16~18] (   )에 들어갈 말로 가장 알맞은 것을 고르십시오. (각 2점)

16.
우리는 일상생활 속에서 유독 (   ) 느낄 때가 많다. 내가 계산하려고 서 있는 줄만 줄어들지 않거나 내가 공부하지 않은 내용이 시험에 많이 나온다고 생각한다. 그러나 이것은 사람들의 불완전한 사고에서 나오는 오류이다. 확률적으로 보면 그리 이상한 결과가 아니다.

① 나만 운이 없다고
② 나만 최선을 다한다고
③ 나만 상황을 이해하지 못한다고
④ 나만 노력의 결과가 나오지 않는다고

7 맥락에 맞는 표현 찾기 【토픽Ⅱ 읽기 17번 문제】

- ( ) 안에 들어갈 적절한 표현을 찾는 문제이다.
- 중간 부분에 ( )가 있으므로 앞과 뒤에 나오는 내용을 잘 파악해야 한다.
- 전체의 내용을 잘 파악하여 적절한 표현을 선택하는 것이 중요하다.

※ [16~18] (   )에 들어갈 말로 가장 알맞은 것을 고르십시오. (각 2점)

17.
일반 대중들은 자신이 믿고 싶은 대로 믿는 경향이 있다. 그래서 뉴스가 확산되고 나면 가짜 뉴스라고 해도 (   ) 쉽지 않다. 가짜 뉴스가 사회에 미치는 영향을 무시할 수 없지만 사전에 판단할 수 있는 방법이 없다. 우리는 검증되지 않은 정보의 홍수 시대에 살고 있는 것이다.

① 방송하지 않기가
② 진실을 밝히기가
③ 가짜 뉴스의 해결책을 찾기가
④ 뉴스의 사실 여부를 확인하기가

7 맥락에 맞는 표현 찾기 【토픽 II 읽기 18번 문제】

- ( ) 안에 들어갈 적절한 표현을 찾는 문제이다.
- 뒷부분에 ( )가 있으므로 앞에 나오는 내용을 잘 파악해야 한다.
- 접속사에 유의하여 앞 문장과의 관계를 파악하는 것이 중요하다.

※ [16~18] ( )에 들어갈 말로 가장 알맞은 것을 고르십시오. (각 2점)

18.
울릉도의 오징어는 밤새도록 잡아서 태양열로 빠른 시간 내에 건조시키므로 맛이 좋기로 유명하다. 밤새 작업하는 특성상 울릉도 부근은 밤이 되면 오징어잡이 배에서 반짝이는 불빛들이 장관을 이룬다. 오징어는 밝은 빛이 있는 곳으로 모이는 습성이 있다. 그래서 오징어잡이 배는 (   ) 밝은 빛으로 오징어를 유인해서 잡는다.

① 배들이 모여서
② 강한 조명을 설치하여
③ 아름다운 야경을 감상하면서
④ 대량으로 오징어를 잡기 위해서

7 맥락에 맞는 표현 찾기 【토픽 II 읽기 28번 문제】

- ( )에 들어갈 적당한 표현을 찾는 문제이다.
- 세부적인 내용 이해와 함께 글의 논리적인 구조를 파악해야 한다.
- 접속사에 유의해서 내용을 이해하는 것이 도움이 된다.

※ [28~31] ( )에 들어갈 말로 가장 알맞은 것을 고르십시오. (각 2점)

28.
한적했던 시골 마을이 밀려드는 관광객들로 몸살을 앓고 있다. 이 시골 마을을 배경으로 한 드라마가 인기를 끌면서 드라마 촬영지도 (   ) 때문이다. 관광객이 많아지면서 교통체증, 안전사고, 환경오염 등 다양한 문제가 생겨 지역 주민과 갈등이 끊이지 않는다. 주민들은 한적한 시골 분위기를 유지하기 위한 대책을 마련하라고 요구하고 있다.

① 주목받게 되었기
② 관광지로 개발되었기
③ 경제적인 효과가 커졌기
④ 지역 주민 숫자가 증가했기

7 맥락에 맞는 표현 찾기 【토픽Ⅱ 읽기 29번 문제】

- ( )에 들어갈 적당한 표현을 찾는 문제이다.
- 세부적인 내용 이해와 함께 글의 논리적인 구조를 파악해야 한다.
- 접속사에 유의해서 내용을 이해하는 것이 도움이 된다.

※ [28~31] (   )에 들어갈 말로 가장 알맞은 것을 고르십시오. (각 2점)

29.
> 그린피스는 세계적으로 유명한 민간 환경보호 단체이다. 초기에는 핵실험을 반대하기 위해서 모인 단체였으나 현재는 자연환경 보호를 위해 광범위하게 활동하고 있다. 그린피스의 활동은 (   ) 진행하는 것이 원칙이다. 그러므로 자연환경을 위협하는 행위가 벌어지는 장소에 가서 폭력을 사용하지 않는 방법으로 항의한다.

① 전 세계적으로
② 환경오염을 막기 위해
③ 개인 및 기업의 후원으로
④ 직접적이고 비폭력적으로

7 맥락에 맞는 표현 찾기 【토픽Ⅱ 읽기 30번 문제】

- ( )에 들어갈 적당한 표현을 찾는 문제이다.
- 세부적인 내용 이해와 함께 글의 논리적인 구조를 파악해야 한다.
- 접속사에 유의해서 내용을 이해하는 것이 도움이 된다.

※ [28~31] (   )에 들어갈 말로 가장 알맞은 것을 고르십시오. (각 2점)

30.
> 골프공은 표면이 매끄럽지 못하고 움푹 파여 있다. 골프가 처음 시작되었을 때는 표면이 평평한 공을 사용했다. 그러나 골프공이 골프 클럽에 맞아 (   ) 비거리가 더 늘어난다는 사실을 알게 되었다. 골프공이 날아가면 공기의 저항을 받게 되는데 공의 표면이 파인 경우 공기의 저항이 분산되어 표면이 매끄러운 공에 비해 훨씬 멀리 날아가는 것이다.

① 평평해지면
② 공이 높이 뜨면
③ 표면이 거칠어지면
④ 공이 가볍게 날아가면

7 맥락에 맞는 표현 찾기 【토픽Ⅱ 읽기 31번 문제】

- ( )에 들어갈 적당한 표현을 찾는 문제이다.
- 세부적인 내용 이해와 함께 글의 논리적인 구조를 파악해야 한다.
- 접속사에 유의해서 내용을 이해하는 것이 도움이 된다.

※ [28~31] ( )에 들어갈 말로 가장 알맞은 것을 고르십시오. (각 2점)

31.
'반사회적 인격 장애'는 다른 사람의 권리를 무시하거나 침해하면서 자신의 이익을 추구하고자 하는 인격 장애이다. 이러한 인격 장애를 앓고 있는 사람은 ( ) 전혀 후회하거나 죄책감을 느끼지 않는다. 타인의 고통이나 아픔에 공감하지 못하기 때문이다. 이 질환은 보통 청소년기 이후에 나타난다.

① 타인을 용서하지 못해도
② 타인을 해치는 행동을 해도
③ 타인과 공감하지 못한다고 해도
④ 타인과 관계가 회복되지 않는다고 해도

7 맥락에 맞는 표현 찾기 【토픽Ⅱ 읽기 44번 문제】

>
> ▶ 설명문이나 논설문을 읽고 (   )에 들어갈 적당한 표현을 찾는 문제이다.
> ▶ 글 전체의 내용을 잘 파악하는 것이 중요하다.

※ [44~45] 다음을 읽고 물음에 답하십시오. (각 2점)

> 인공위성은 사람이 만든 위성이다. 인공위성은 대부분 지구 주변을 돌면서 목적에 따라 통신 위성, 군사 위성, 기상 위성 등으로 활동을 한다. 인공위성이라는 단어는 우리의 (   ) 여겨지지만 네비게이션, 인터넷 통신, TV, 기상 관측 등 우리 생활의 많은 부분들이 인공위성 기술과 밀접하게 관련되어 있다. 인공위성 기술의 발전은 우리 생활에 많은 변화를 가져오기도 했지만 인공위성에 문제가 생기거나 수명이 다한 경우에 발생하는 문제도 심각하다. 인공위성이 고장이 났을 때 사실상 수리하기가 쉽지 않다. 또한 인공위성이 수명을 다하면 지구와 통신이 불가능하고 궤도 조정이 되지 않는다. 수명이 다해 제어가 되지 않는 인공위성은 초속 8km의 빠른 속도로 우주 궤도를 떠돌아다니는 위험한 우주 쓰레기가 된다.

44. (   )에 들어갈 말로 가장 알맞은 것을 고르십시오.
   ① 위성 기술이 발전해야 하는 것처럼
   ② 삶과 직접적인 연관이 없는 것처럼
   ③ 우주 산업이 큰 변화를 가져온 것처럼
   ④ 과학적인 발전이 빠른 속도로 이루어진 것처럼

• 45번 문제는 [유형 3] ❷에 있습니다.

7 맥락에 맞는 표현 찾기 【토픽 II 읽기 49번 문제】

▶ (   )에 들어갈 적당한 표현을 찾는 문제이다.
▶ 글 전체의 내용을 잘 파악하는 것이 중요하다.

※ [48~50] 다음을 읽고 물음에 답하십시오. (각 2점)

> 인공지능이란 인간의 인지, 판단, 추론 등을 컴퓨터로 구현하는 기술을 의미한다. 이러한 인공지능 기술은 급속도로 발전하여 현재 의료, 교육 등 다양한 영역에서 널리 활용되고 있다. 인공지능 기술의 발달이 인간의 삶을 더욱 편리하게 만든 것은 사실이나 인공지능이 인간의 능력을 뛰어넘어 (   ) 상황이 올 수도 있다는 경고도 무시할 수가 없다. 특히 최근에 인공지능 기술을 활용하여 사진이나 영상 등의 이미지를 합성한 딥페이크가 문제로 떠오르고 있다. 딥페이크 기술이 갈수록 정교해지면서 진짜인지 가짜인지 진위 여부를 식별하기 어려워졌기 때문이다. 딥페이크 기술은 실제처럼 재현해 낼 수 있기 때문에 영화를 제작할 때 흥미로운 영상을 제공할 수 있고 의료계에서는 질병에 대한 연구와 진단에 사용되는 등 장점도 많다. 그러나 딥페이크 기술을 악용하여 정치, 경제, 사회 등의 영역에서 큰 혼란을 야기시키거나 타인을 음해하는 등 부작용이 속출하고 있으므로 이에 대한 정부 차원의 제도적인 대응이 필요하다.

49. (   )에 들어갈 말로 가장 알맞은 것을 고르십시오.
① 인간들이 통제할 수 없는
② 인간들이 스스로 사고할 수 없는
③ 인공지능 기술을 사용할 수 없는
④ 인공지능이 없이는 생활할 수 없는

- 48번 문제는 [유형 3] ❷에 있습니다.
- 50번 문제는 [유형 4] ❼에 있습니다.

유형 ❶ B

1 알맞은 연결어미 찾기 【토픽Ⅱ 읽기 1번 문제】

전략
▶ 앞 문장과 뒤에 나오는 문장을 연결하는 문제이다.
▶ 앞 문장과 뒤 문장의 의미를 정확하게 이해해야 한다.

※ [1~2] (　)에 들어갈 말로 가장 알맞은 것을 고르십시오. (각 2점)

1. 시험을 잘 볼 수 (　) 철저히 준비하세요.
　① 있거든　　　② 있던데　　　③ 있도록　　　④ 있다면

2 알맞은 종결어미 찾기 【토픽Ⅱ 읽기 2번 문제】

전략
▶ 문장의 종결어미를 선택하는 문제이다.
▶ 문장의 의미를 정확하게 파악하는 것이 중요하다.

※ [1~2] (　)에 들어갈 말로 가장 알맞은 것을 고르십시오. (각 2점)

2. 올여름엔 꼭 휴가를 내서 한국의 전통 요리를 (　　　　).
　① 배워 본답니다
　② 배워 볼까 해요
　③ 배워 볼 만해요
　④ 배워 보곤 해요

3 유사한 문법 표현 찾기 【토픽 II 읽기 3번 문제】

- ▶ 의미가 비슷한 문법 표현을 선택하는 문제이다.
- ▶ 문맥의 의미를 정확하게 이해해야 유사 표현을 찾을 수 있다.

※ [3~4] 밑줄 친 부분과 의미가 가장 비슷한 것을 고르십시오. (각 2점)

3. 그렇게 시간을 <u>낭비하다가는</u> 후회만 남을 거예요.
   ① 낭비해서라도
   ② 낭비하다 보면
   ③ 낭비하는 김에
   ④ 낭비하는가 하면

4 유사한 종결어미 찾기 【토픽 II 읽기 4번 문제】

- ▶ 의미가 비슷한 종결어미를 선택하는 문제이다.
- ▶ 문맥의 의미를 정확하게 이해해야 유사 표현을 찾을 수 있다.

※ [3~4] 밑줄 친 부분과 의미가 가장 비슷한 것을 고르십시오. (각 2점)

4. 곧 정부의 중대 발표가 <u>있으려나 보다</u>.
   ① 있을 뿐이다
   ② 있을 것 같다
   ③ 있다고들 한다
   ④ 있을 줄 몰랐다

5 문장성분 찾기 【토픽Ⅱ 읽기 19번 문제】

▶ ( ) 안에 들어갈 적당한 부사를 찾는 문제이다.
▶ 자주 출제되는 부사를 정리하여 익히는 것이 도움이 된다.

※ [19~20] 다음을 읽고 물음에 답하십시오. (각 2점)

> 스트레스와 우울증, 불면증 등으로 불편을 겪는 사람들이 늘면서 정신건강 관리의 필요성이 커졌다. 이에 제약회사와 식품회사는 멘탈케어 제품을 앞다퉈 출시하고 있다. 알약이나 캡슐 형태뿐만 아니라 음료나 씹어 먹는 젤리로도 생산된다. 하지만 건강기능식품은 말 그대로 건강에 도움을 주는 성분을 식품 형태로 가공한 것이지 치료약이 아니다. 건강식품에 의존해서 치료 시기를 놓치거나 증상을 악화시킬 수도 있으니 (   ) 전문의에게 상담해야 한다.

19. (   )에 들어갈 말로 가장 알맞은 것을 고르십시오.
   ① 으레   ② 오로지   ③ 반드시   ④ 어쨌든

• 20번 문제는 [유형 3] ❷에 있습니다.

6 관용 표현 찾기 【토픽Ⅱ 읽기 21번 문제】

▶ 글의 내용에 맞는 관용 표현을 찾는 문제이다.
▶ 앞과 뒤의 문장을 정확하게 이해하여 적절한 관용 표현을 찾아야 한다.

※ [21~22] 다음을 읽고 물음에 답하십시오. (각 2점)

> 교육 현장의 여교사 편중 현상이 심화되면서 일부 학교에는 남자 교사가 아예 없거나 (   ) 한두 명에 불과한 것으로 나타났다. 남자 교사의 비중이 해마다 줄면서 학생들의 여성화 현상과 학생 생활지도의 어려움을 우려하는 목소리도 커지고 있다. 교사의 성비불균형을 개선하기 위해서 남성 할당제를 검토하기도 했으나 성차별 문제가 논란이 되면서 흐지부지되었다.

21. (   )에 들어갈 말로 가장 알맞은 것을 고르십시오.
   ① 발목을 잡듯   ② 찬물을 끼얹듯
   ③ 가물에 콩 나듯   ④ 눈에 불을 켜듯

• 22번 문제는 [유형 4] ❸에 있습니다.

7 맥락에 맞는 표현 찾기 【토픽Ⅱ 읽기 16번 문제】

전략
- ▶ ( ) 안에 들어갈 적절한 표현을 찾는 문제이다.
- ▶ 앞부분에 ( )가 있으므로 뒤에 나오는 내용을 잘 파악해야 한다.
- ▶ 전체의 내용을 잘 파악하여 적절한 표현을 선택하는 것이 중요하다.

※ [16~18] ( )에 들어갈 말로 가장 알맞은 것을 고르십시오. (각 2점)

16.
지구 어디에든 존재하는 곤충 중의 하나인 개미는 (   ) 그들의 사회를 이루고 있다. 알을 낳는 여왕개미, 짝짓기를 하는 수개미, 그리고 일을 도맡아 하는 일개미로 나뉘어져 자신의 맡은 역할을 한다. 아주 작고 미약한 곤충인 개미가 이 지구에 오래 살아남은 하나의 이유이기도 하다.

① 여왕개미를 따르며
② 철저한 분업을 하며
③ 모두가 열심히 일을 하며
④ 지속적으로 개체수를 늘리며

7 맥락에 맞는 표현 찾기 【토픽Ⅱ 읽기 17번 문제】

전략
- ▶ ( ) 안에 들어갈 적절한 표현을 찾는 문제이다.
- ▶ 중간 부분에 ( )가 있으므로 앞과 뒤에 나오는 내용을 잘 파악해야 한다.
- ▶ 전체의 내용을 잘 파악하여 적절한 표현을 선택하는 것이 중요하다.

※ [16~18] ( )에 들어갈 말로 가장 알맞은 것을 고르십시오. (각 2점)

17.
수학에 실험을 결합한 융합연구를 통해 생체시계의 원리가 밝혀졌다. 생체시계는 생명체가 24시간 주기에 맞춰 살아갈 수 있도록 우리의 (   ) 역할을 한다. 예를 들어, 밤 9시경이 되면 뇌에서 호르몬 분비를 유발해 수면을 취할 수 있도록 하거나 시차 등 환경 변화가 생겼을 때 새로운 환경에 유연하게 적응해서 변화한 시간을 몸에 맞출 수 있게 한다.

① 뇌세포를 합성하고 분해하는
② 안정성과 유연성을 유지하는
③ 행동과 생리 작용을 조절하는
④ 수면과 관련된 장애를 치료하는

7 맥락에 맞는 표현 찾기 【토픽Ⅱ 읽기 18번 문제】

- ( ) 안에 들어갈 적절한 표현을 찾는 문제이다.
- 뒷부분에 ( )가 있으므로 앞에 나오는 내용을 잘 파악해야 한다.
- 접속사에 유의하여 앞 문장과의 관계를 파악하는 것이 중요하다.

※ [16~18] ( )에 들어갈 말로 가장 알맞은 것을 고르십시오. (각 2점)

18.
> 맨발 걷기의 효능이 알려지면서 중장년층을 중심으로 유행처럼 번지고 있다. 맨발로 걸으면 발 마사지와 유사한 효과를 볼 수 있어서 혈액 순환이 원활해지고 건강함을 유지할 수 있으며 운동화를 신고 걸을 때보다 운동 효과가 2배 이상 높은 것으로 알려졌다. 하지만 지면 온도가 높은 곳이나 시멘트, 아스팔트 등 ( ) 곳에서는 주의해야 한다.

① 흙길이 조성된
② 부상 위험이 있는
③ 위험물이 관리되는
④ 전문가들이 권하는

7 맥락에 맞는 표현 찾기 【토픽Ⅱ 읽기 28번 문제】

- ( )에 들어갈 적당한 표현을 찾는 문제이다.
- 세부적인 내용 이해와 함께 글의 논리적인 구조를 파악해야 한다.
- 접속사에 유의해서 내용을 이해하는 것이 도움이 된다.

※ [28~31] ( )에 들어갈 말로 가장 알맞은 것을 고르십시오. (각 2점)

28.
> 올해 상반기 동안 반도체 업계는 적자를 기록했지만 예년과 동일하게 성과급을 지급하기로 했다. 이러한 결정은 ( ) 조치이다. 전문 개발자의 경우 거액의 연봉을 받고 이직하는 경우가 많기 때문이다. 개발자들이 이직을 하게 되면 기술 유출에 대한 우려도 깊어질 수밖에 없다.

① 반도체 불황을 해결하기 위한
② 전문 개발자를 양성하기 위한
③ 우수한 인재 유출을 막기 위한
④ 다양한 복지 혜택을 제공하기 위한

7 맥락에 맞는 표현 찾기 【토픽 II 읽기 29번 문제】

- ( )에 들어갈 적당한 표현을 찾는 문제이다.
- 세부적인 내용 이해와 함께 글의 논리적인 구조를 파악해야 한다.
- 접속사에 유의해서 내용을 이해하는 것이 도움이 된다.

※ [28~31] (   )에 들어갈 말로 가장 알맞은 것을 고르십시오. (각 2점)

29.
> 인공지능 시장의 규모가 초고속 성장을 하고 있다. 향후 인공지능의 핵심 기술을 보유한 기업이 세계 경제를 이끌 것으로 전망되면서 (   ) 경쟁이 치열하다. 기업들은 자체 개발한 기술로 의료, 금융, 제조 등 다양한 분야에서 대중화에 나선다는 계획이며 경쟁의 우위를 확보하기 위한 수단으로 인공지능이 활용되고 있다.

① 비용을 절감하기 위한
② 시장을 선점하기 위한
③ 기술을 향상시키기 위한
④ 인공지능을 활용하기 위한

7 맥락에 맞는 표현 찾기 【토픽 II 읽기 30번 문제】

- ( )에 들어갈 적당한 표현을 찾는 문제이다.
- 세부적인 내용 이해와 함께 글의 논리적인 구조를 파악해야 한다.
- 접속사에 유의해서 내용을 이해하는 것이 도움이 된다.

※ [28~31] (   )에 들어갈 말로 가장 알맞은 것을 고르십시오. (각 2점)

30.
> 요즘은 스포츠에서도 과학을 빼놓고 얘기할 수 없는 시대가 되었다. 스포츠 장비는 물론이고 신체 발달과 경기력 향상에 과학 정보들이 활용된다. 경기 장면을 분석해서 (   ) 이를 바탕으로 경기력을 높이거나 기록을 단축할 수 있는 맞춤형 프로그램을 제공한다.

① 활동 공간을 마련하고
② 선수의 장단점을 찾아내고
③ 스포츠를 즐길 시간을 갖고
④ 객관적 데이터에 접근하게 하고

7 맥락에 맞는 표현 찾기 【토픽 II 읽기 31번 문제】

- ( )에 들어갈 적당한 표현을 찾는 문제이다.
- 세부적인 내용 이해와 함께 글의 논리적인 구조를 파악해야 한다.
- 접속사에 유의해서 내용을 이해하는 것이 도움이 된다.

※ [28~31] ( )에 들어갈 말로 가장 알맞은 것을 고르십시오. (각 2점)

31.
'분리불안장애'는 애착하는 대상으로부터 떨어져 있는 것에 대한 불안의 정도가 일상생활을 위협할 정도로 심하고 지속적인 경우를 말한다. 부모가 아이를 과보호하고 아이가 (   ) 것을 힘들어한다면 분리불안증을 의심해 봐야 한다. 특히 아이의 경우에는 두통이나 복통 등의 신체적 증상이 나타나거나 등교를 거부하기도 한다.

① 예의가 없고 대화에 참여하는
② 폭력적이며 자신의 욕구를 참는
③ 부모에게 의존적이며 떨어져 있는
④ 무조건 복종하고 의사를 표현하는

7 맥락에 맞는 표현 찾기 【토픽Ⅱ 읽기 44번 문제】

▶ 설명문이나 논설문을 읽고 ( )에 들어갈 적당한 표현을 찾는 문제이다.
▶ 글 전체의 내용을 잘 파악하는 것이 중요하다.

※ [44~45] 다음을 읽고 물음에 답하십시오. (각 2점)

세계무역기구는 개별 국가들이 (　　　　　　) 내세우고 있는 모든 무역 규제들을 철폐하거나 줄여 나가며 궁극적으로는 세계를 단일경제권으로 구성하는 것을 목표로 삼는다. 2차 세계대전이 막바지로 접어들던 1944년, 새로운 세계 경제 질서를 만들기 위해서 미국을 중심으로 44개국이 모여 경제공동체제에 합의했다. 그리고 국제통화체제를 조율하는 국제통화기금과 개발도상국의 재건과 부흥을 돕는 국제부흥개발은행을 출범시켰다. 이후 세계무역기구는 관세 및 무역에 관한 일반협정을 기준으로 국가 간 협상을 통해서 무역 전반에 관한 합의를 이끌어 내며 세계무역체제의 질서를 잡기 시작했다. 그러나 현재 농업 분야의 합의, 환경과 관련된 협정 등이 강대국의 무관심과 보호 무역의 기조 속에서 진전을 보지 못하고 있다.

44. (　)에 들어갈 말로 가장 알맞은 것을 고르십시오.
① 무역 분쟁을 해결하기 위해서
② 외국 자본을 유치하기 위해서
③ 자국의 경제를 보호하기 위해서
④ 국제 협력의 기초를 닦기 위해서

• 45번 문제는 [유형 3] ❷에 있습니다.

7 맥락에 맞는 표현 찾기 【토픽Ⅱ 읽기 49번 문제】

▶ ( )에 들어갈 적당한 표현을 찾는 문제이다.
▶ 글 전체의 내용을 잘 파악하는 것이 중요하다.

※ [48~50] 다음을 읽고 물음에 답하십시오. (각 2점)

> 대체육은 콩을 비롯해 곤충 등 고기를 대신하는 단백질을 의미하는데 세계적인 기업들이 의욕적으로 연구에 뛰어들었다. 하지만 대체육 시장의 열기는 예상만큼 뜨거워지지 않고 있다. 이유는 시중에 나와 있는 식물성 대체육 제품들이 고기보다 확연히 맛과 식감이 떨어지고 식물성이기 때문에 건강에 이롭다고 하기에는 포화지방이나 나트륨이 과다 함유되어 있기 때문이다. 또 식물성 대체육이 동물성 단백질의 영양 성분과는 차이를 보이기 때문에 고기를 대신할 수 없다는 회의론도 있다. 아직 완성도가 떨어지는 제품과 불완전한 기술뿐인데도 전문가들은 여전히 전체 육류 소비 중 대체육 비중이 늘어갈 것이라는 전망을 내놓고 있다. 이는 이상기온 현상으로 동물의 사료인 곡물이나 식물의 생산량이 줄고 있고 감염병으로 인해 관리할 수 있는 가축의 수가 제한되기 때문이다. 이처럼 세계인에게 필요한 단백질을 (   ) 상황에서 반드시 일정량의 대체육이 필요하고 새로운 제품에 대한 연구와 개발은 더 이상 선택의 문제가 아니라는 것이다.

49. (   )에 들어갈 말로 가장 알맞은 것을 고르십시오.
① 육류에서 섭취해야 하는
② 대체육에만 의존할 수 없는
③ 대체육이 많이 함유하고 있는
④ 육류만으로 충족시키기 어려운

• 48번 문제는 [유형 3] **2**에 있습니다.
• 50번 문제는 [유형 4] **7**에 있습니다.

Reading Plus

※ 읽기 문제에서 나온 어휘를 익혀 보세요.

- 가공
- 갈등
- 개선
- 거부
- 검증
- 검토
- 결합
- 경기력
- 경쟁
- 경향
- 공사
- 과보호
- 관측
- 광범위
- 권리
- 규제
- 급증하다
- 기록
- 남다
- 낭비하다
- 낳다

- 논란
- 늦게
- 단축하다
- 달라지다
- 대중
- 대중화
- 대책
- 대체
- 도맡다
- 마련
- 매끄럽다
- 매출
- 몸살을 앓다
- 무시
- 미약하다
- 민간
- 밀리다
- 밀접
- 바뀌다
- 반사회적
- 발표

Reading Plus

- 밝혀지다
- 배경
- 번지다
- 보유하다
- 분리
- 분산
- 분석
- 불과하다
- 불완전
- 사고
- 상반기
- 성과급
- 순환
- 습성
- 시급하다
- 시험
- 식별
- 심화되다
- 악화시키다
- 앞다투다
- 애착

- 야근
- 여기다
- 역할
- 열기
- 오류
- 용기
- 우려하다
- 우위
- 원리
- 원칙
- 원활하다
- 위협
- 유독
- 유발하다
- 유사하다
- 유연하다
- 유인
- 유출
- 유치
- 음해
- 의심

Reading Plus

- 의욕적으로
- 의존
- 이롭다
- 이루다
- 이직
- 인격
- 인지
- 입점
- 장관
- 장면
- 장비
- 장애
- 재현
- 재활용
- 저항
- 적응하다
- 적자
- 전략
- 전통
- 접어들다
- 정교하다

- 정부
- 제어
- 제한되다
- 조율하다
- 조치
- 존재
- 주목
- 준비하다
- 중대
- 지속적이다
- 철저히
- 철폐하다
- 초고속
- 추구
- 추론
- 출근하다
- 출시
- 침해
- 통신
- 통행
- 파이다

Reading Plus

- 판단
- 편중
- 평평하다
- 폭력
- 표면
- 함유되다
- 합성
- 합의하다
- 핵심
- 행동
- 행위
- 협상
- 협정
- 확률
- 확보하다
- 확산
- 효과를 보다
- 효능
- 후회
- 휴가

유형 2

글의 순서 파악하기

1 각각의 문장을 순서에 맞게 배열하기
토픽Ⅱ 읽기 13, 14, 15번 문제

2 주어진 문장이 들어갈 적당한 위치 찾기
토픽Ⅱ 읽기 39, 40, 41번 문제

[유형 A] 문제 풀이 무료 동영상 강의가 제공됩니다.
한 단계 더 높은 [유형 B] 문제 풀이 동영상 강의로 토픽 시험을 완벽하게 준비하세요.

유형 ❷ A

1 각각의 문장을 순서에 맞게 배열하기 【토픽Ⅱ 읽기 13번 문제】

>
> ▶ 글의 내용을 순서에 맞게 배열하는 문제이다.
> ▶ 두 문장을 연결하는 접속사를 정확하게 이해해야 한다.
> ▶ 반복되는 어휘가 있는지 잘 확인하는 것도 중요하다.

※ [13~15] 다음을 순서에 맞게 배열한 것을 고르십시오. (각 2점)

13.
(가) 귀지는 이물질을 막아 주는 역할을 한다.
(나) 그러므로 귀지는 제거하지 않아도 된다.
(다) 평소에 습관적으로 귀를 후비는 사람이 의외로 많다.
(라) 귀지를 제거하려고 면봉 등을 이용해 귀를 후비는 것이다.

① (가)-(나)-(다)-(라) ② (가)-(다)-(나)-(라)
③ (다)-(라)-(가)-(나) ④ (다)-(가)-(라)-(나)

1 각각의 문장을 순서에 맞게 배열하기 【토픽Ⅱ 읽기 14번 문제】

>
> ▶ 글의 내용을 순서에 맞게 배열하는 문제이다.
> ▶ 두 문장을 연결하는 접속사를 정확하게 이해해야 한다.
> ▶ 반복되는 어휘가 있는지 잘 확인하는 것도 중요하다.

※ [13~15] 다음을 순서에 맞게 배열한 것을 고르십시오. (각 2점)

14.
(가) 동료들보다 먼저 승진을 해야 한다는 압박감이 강했기 때문이다.
(나) 그렇게 건강에 문제가 생기고 나서야 건강의 중요성을 깨닫고 휴가를 냈다.
(다) 너무 무리를 한 탓인지 건강에 문제가 생겨 병원 신세를 지게 되었다.
(라) 입사한 지 10년이 지났지만 지금까지 제대로 된 휴가를 가 본 적이 없다.

① (다)-(나)-(가)-(라) ② (다)-(가)-(나)-(라)
③ (라)-(다)-(나)-(가) ④ (라)-(가)-(다)-(나)

1 각각의 문장을 순서에 맞게 배열하기 【토픽Ⅱ 읽기 15번 문제】

- ▶ 글의 내용을 순서에 맞게 배열하는 문제이다.
- ▶ 두 문장을 연결하는 접속사를 정확하게 이해해야 한다.
- ▶ 반복되는 어휘가 있는지 잘 확인하는 것도 중요하다.

※ [13~15] 다음을 순서에 맞게 배열한 것을 고르십시오. (각 2점)

15.
(가) 인간은 대부분 사회적인 관계를 유지하려는 본능이 있다.
(나) 최근 이러한 은둔형 외톨이가 급증하고 있으나 대책은 아직 초기 단계 수준이다.
(다) 개인적으로 극복하기 어려운 경우는 정부나 지역 사회의 적극적인 조치가 필요하다.
(라) 그러나 은둔형 외톨이는 사회적인 관계를 단절하거나 접촉을 회피하며 혼자 생활한다.

① (가)-(나)-(다)-(라) ② (가)-(라)-(나)-(다)
③ (나)-(다)-(가)-(라) ④ (나)-(가)-(다)-(라)

2 주어진 문장이 들어갈 적당한 위치 찾기 【토픽Ⅱ 읽기 39번 문제】

- ▶ 제시되어 있는 문장이 들어갈 적절한 위치를 파악해야 한다.
- ▶ 전체 내용을 정확하게 이해하여 〈보기〉의 문장이 들어갈 위치를 찾아야 한다.

※ [39~41] 주어진 문장이 들어갈 곳으로 가장 알맞은 것을 고르십시오. (각 2점)

39.
실제 치매를 앓고 있는 어머니를 간병한 작가의 경험을 담담하게 그려내고 있다.

이수미 작가가 5년 만에 신작 소설을 발표했다. (㉠) 신작 소설 '기억을 잃어가는 엄마와의 일상'은 치매에 걸린 어머니와의 동행을 그린 작품이다. (㉡) 어렸을 때 삶의 버팀목이었던 어머니가 어린아이가 되어 가는 모습을 보며 느끼게 되는 안쓰러움과 간병에 대한 무게로 자신의 삶이 서서히 없어져 가는 상황을 잘 묘사하고 있다. (㉢) 우리의 일상에 많이 파고든 치매 환자의 일상에 대한 이해와 간병의 무게로 힘들어하는 사람들에게 작은 위안이 될 것이다. (㉣)

① ㉠ ② ㉡ ③ ㉢ ④ ㉣

2 주어진 문장이 들어갈 적당한 위치 찾기 【토픽 II 읽기 40번 문제】

▶ 제시되어 있는 문장이 들어갈 적절한 위치를 파악해야 한다.
▶ 전체 내용을 정확하게 이해하여 〈보기〉의 문장이 들어갈 위치를 찾아야 한다.

※ [39~41] 주어진 문장이 들어갈 곳으로 가장 알맞은 것을 고르십시오. (각 2점)

40.
비흡연자의 경우에는 폐암의 발병 원인을 명확하게 규명하기가 어렵다.

폐암은 의학의 발전으로 생존율이 증가했지만 여전히 모든 암 중에서 사망률이 가장 높은 암이다. (㉠) 폐암의 가장 큰 원인은 흡연으로 전체 폐암 환자의 약 85%가 흡연과 관련이 있는 것으로 나타났다. (㉡) 특정한 유전자의 변이가 원인일 것으로 추정하고 있으며 그 외에는 간접흡연, 대기오염 등이 원인일 것으로 추정하고 있다. (㉢) 폐암은 초기에 발견하여 치료하면 생존율이 70% 이상이므로 특별한 증상이 없더라도 정기적으로 검진을 하는 것이 좋다. (㉣)

① ㉠　　　② ㉡　　　③ ㉢　　　④ ㉣

2 주어진 문장이 들어갈 적당한 위치 찾기 【토픽 II 읽기 41번 문제】

▶ 제시되어 있는 문장이 들어갈 적절한 위치를 파악해야 한다.
▶ 전체 내용을 정확하게 이해하여 〈보기〉의 문장이 들어갈 위치를 찾아야 한다.

※ [39~41] 주어진 문장이 들어갈 곳으로 가장 알맞은 것을 고르십시오. (각 2점)

41.
이러한 사실적인 묘사와 더불어 그의 그림은 유머와 해학이 담겨 있는 것으로 유명하다.

김홍도는 조선시대의 대표적인 화가 중 한 명으로 서민들의 삶을 반영한 풍속화를 그린 화가이다. (㉠) 김홍도는 주로 서민들이 살아가는 모습을 있는 그대로 화폭에 담았다. (㉡) 그의 그림은 인물들이 살아 움직이는 듯한 느낌이 들 정도로 사실적으로 생동감 있게 표현한 것이 특징이다. (㉢) 대표적인 그림인 '서당'을 보면 혼이 나는 아이와 주위에 웃고 있는 아이들의 모습 등 서당의 재미나는 모습을 담고 있다. (㉣)

① ㉠　　　② ㉡　　　③ ㉢　　　④ ㉣

유형 ❷ B

 각각의 문장을 순서에 맞게 배열하기 【토픽Ⅱ 읽기 13번 문제】

전략
- ▶ 글의 내용을 순서에 맞게 배열하는 문제이다.
- ▶ 두 문장을 연결하는 접속사를 정확하게 이해해야 한다.
- ▶ 반복되는 어휘가 있는지 잘 확인하는 것도 중요하다.

※ [13~15] 다음을 순서에 맞게 배열한 것을 고르십시오. (각 2점)

13.
(가) 우리는 1인 가구 천만 세대 돌파를 눈앞에 두고 있다.
(나) 1인 가구는 경제활동부터 집안일까지 혼자 해결해야 한다.
(다) 이에 가전제품도 대형보다 알찬 소형 가전 위주로 변화 중이다.
(라) 그래서 가사 노동을 줄여 주는 가전제품에 대한 의존도가 높다.

① (가)-(다)-(나)-(라) ② (가)-(라)-(나)-(다)
③ (다)-(나)-(라)-(가) ④ (다)-(나)-(가)-(라)

 각각의 문장을 순서에 맞게 배열하기 【토픽Ⅱ 읽기 14번 문제】

전략
- ▶ 글의 내용을 순서에 맞게 배열하는 문제이다.
- ▶ 두 문장을 연결하는 접속사를 정확하게 이해해야 한다.
- ▶ 반복되는 어휘가 있는지 잘 확인하는 것도 중요하다.

※ [13~15] 다음을 순서에 맞게 배열한 것을 고르십시오. (각 2점)

14.
(가) 바로 사과했지만 오해가 풀리지 않은 것 같았다.
(나) 내가 장난으로 한 말에 친구가 화가 많이 난 모양이었다.
(다) 그래도 내 마음을 알아줄 때까지 진심을 다해서 이야기해야겠다.
(라) 친구의 기분을 상하게 할까 봐 그날은 더 이상 말을 걸지 못했다.

① (가)-(라)-(나)-(다) ② (다)-(가)-(나)-(라)
③ (나)-(가)-(라)-(다) ④ (라)-(나)-(가)-(다)

1 각각의 문장을 순서에 맞게 배열하기 【토픽Ⅱ 읽기 15번 문제】

- ▶ 글의 내용을 순서에 맞게 배열하는 문제이다.
- ▶ 두 문장을 연결하는 접속사를 정확하게 이해해야 한다.
- ▶ 반복되는 어휘가 있는지 잘 확인하는 것도 중요하다.

※ [13~15] 다음을 순서에 맞게 배열한 것을 고르십시오. (각 2점)

15.
> (가) 최근 들어 범죄 예방에 대한 국민적 요구가 높아졌다.
> (나) 이러한 자발적 참여를 늘리기 위해서 정부가 발 벗고 나섰다.
> (다) 우선 각계의 자원이 치안 활동에 참여할 수 있는 협의체를 만들었다.
> (라) 이를 반영하듯 기업을 비롯한 민간단체들이 치안 활동에 참여하고 있다.

① (가)-(나)-(다)-(라) ② (나)-(다)-(가)-(라)
③ (가)-(라)-(나)-(다) ④ (나)-(가)-(다)-(나)

2 주어진 문장이 들어갈 적당한 위치 찾기 【토픽Ⅱ 읽기 39번 문제】

- ▶ 제시되어 있는 문장이 들어갈 적절한 위치를 파악해야 한다.
- ▶ 전체 내용을 정확하게 이해하여 〈보기〉의 문장이 들어갈 위치를 찾아야 한다.

※ [39~41] 주어진 문장이 들어갈 곳으로 가장 알맞은 것을 고르십시오. (각 2점)

39.
> 이 작품은 6·25전쟁을 겪은 가족들의 삶을 담은 자전적인 소설이다.

> 작가 이유미의 소설 '가족'은 작년에 작고한 고인의 유작이다. (㉠) 고인은 작고하기 직전까지 왕성한 활동을 하였으나 이 소설을 쓰고 있었다는 사실은 아무도 몰랐다. (㉡) 고인의 유품을 정리하던 장녀가 어머니의 서재에서 원고를 발견한 덕분에 세상에 빛을 보게 된 것이다. (㉢) 한 가족의 모습을 통해 격동의 세월을 살아온 서민들의 삶을 투명하게 그려냈다는 평을 받았다. (㉣)

① ㉠ ② ㉡ ③ ㉢ ④ ㉣

2 주어진 문장이 들어갈 적당한 위치 찾기 【토픽 II 읽기 40번 문제】

- ▶ 제시되어 있는 문장이 들어갈 적절한 위치를 파악해야 한다.
- ▶ 전체 내용을 정확하게 이해하여 〈보기〉의 문장이 들어갈 위치를 찾아야 한다.

※ [39~41] 주어진 문장이 들어갈 곳으로 가장 알맞은 것을 고르십시오. (각 2점)

40.
물을 마시는 습관은 척추 건강을 지키는 데에도 아주 중요하다.

(㉠) 물은 생명을 유지하는 데 필수 요소이며 공복에 마시는 물 한 잔은 보약만큼 좋다는 말도 있다. (㉡) 물이 우리 몸의 신진대사와 혈액순환을 촉진하고 장운동을 원활하게 하며 체온을 조절하고 피로를 회복하게 해 주기 때문에 생긴 말이다. (㉢) 나이가 들어 신체가 노화되면 척추의 뼈와 뼈 사이에도 수분이 줄어들게 되는데 이것이 척추 주변의 근육과 신경을 압박해서 통증을 유발한다. (㉣) 물만 제대로 마셔도 건강에 여러 가지 이점이 있다.

① ㉠   ② ㉡   ③ ㉢   ④ ㉣

2 주어진 문장이 들어갈 적당한 위치 찾기 【토픽 II 읽기 41번 문제】

- ▶ 제시되어 있는 문장이 들어갈 적절한 위치를 파악해야 한다.
- ▶ 전체 내용을 정확하게 이해하여 〈보기〉의 문장이 들어갈 위치를 찾아야 한다.

※ [39~41] 주어진 문장이 들어갈 곳으로 가장 알맞은 것을 고르십시오. (각 2점)

41.
또한 화성 축조에 사용된 새로운 장비와 재료의 발달은 동서양 과학기술의 교류를 보여 주는 중요한 증거이다.

화성은 이전 시대에 조성된 성곽과 구별되는 새로운 양식의 성곽이다. (㉠) 화성은 기존 성곽의 문제점을 개선하였을 뿐만 아니라 외국의 사례를 참고해 새로운 시설을 도입하고 이를 환경과 지형에 맞게 설치하였다. (㉡) 축성 후에 발간된 『화성성역의궤』에는 거중기와 같은 시공 장비뿐만 아니라 재료의 출처 및 용도, 가공법 등이 상세히 기록되어 있다. (㉢) 이처럼 화성은 축성의 모든 과정을 보여 주는 공사보고서까지 보유하고 있어서 높은 평가를 받는다. (㉣)

① ㉠   ② ㉡   ③ ㉢   ④ ㉣

Reading Plus

※ 읽기 문제에서 나온 어휘를 익혀 보세요.

- 간병
- 개선하다
- 규명
- 극복하다
- 급증하다
- 깨닫다
- 나서다
- 단절
- 대책
- 도입하다
- 돌파
- 동행
- 막다
- 묘사
- 반영
- 반영하다
- 발간
- 발병
- 범죄
- 변이
- 보유하다

- 본능
- 사실적
- 상하다
- 생동감
- 승진
- 신세
- 신작
- 신진대사
- 안쓰럽다
- 알아주다
- 알차다
- 압박
- 압박하다
- 예방
- 오해
- 왕성하다
- 요구
- 원활하다
- 위주
- 유발하다
- 유작

Reading Plus

- 유전자
- 은둔
- 의외
- 의존하다
- 이물질
- 자발적
- 자전적
- 작고
- 장난
- 제거
- 제대로
- 참고하나
- 촉진하다
- 추정
- 치안
- 투명하다
- 평가
- 해학
- 회복하다
- 회피
- 후비다

유형 3

전체 내용 이해하기

1 광고문의 의미 파악하기
토픽Ⅱ 읽기 5, 6, 7, 8번 문제

2 글의 주제 파악하기
토픽Ⅱ 읽기 20, 35, 36, 37, 38, 45, 48번 문제

3 머리기사의 의미 파악하기
토픽Ⅱ 읽기 25, 26, 27번 문제

[유형 A] 문제 풀이 무료 동영상 강의가 제공됩니다.
한 단계 더 높은 [유형 B] 문제 풀이 동영상 강의로 토픽 시험을 완벽하게 준비하세요.

유형 ❸ A

1 광고문의 의미 파악하기 【토픽Ⅱ 읽기 5번 문제】

> 전략
> ▶ 광고 문구를 보고 어떤 물건의 광고인지를 찾는 문제이다.
> ▶ 광고 문구에 들어 있는 어휘를 확인하는 것이 중요하다.

※ [5~8] 다음은 무엇에 대한 글인지 고르십시오. (각 2점)

5.
내 몸에 맞는 높이 조절
이젠 편하게 공부하세요!

① 침대　　　　② 가방　　　　③ 책상　　　　④ 안경

1 광고문의 의미 파악하기 【토픽Ⅱ 읽기 6번 문제】

> 전략
> ▶ 광고 문구를 보고 광고하는 장소를 찾는 문제이다.
> ▶ 장소를 추측할 수 있는 어휘를 찾는 것이 중요하다.

※ [5~8] 다음은 무엇에 대한 글인지 고르십시오. (각 2점)

6.
예약 없이 전문의에게 진료를~
당일에 진료와 검사를 받을 수 있습니다.

① 호텔　　　　② 회사　　　　③ 약국　　　　④ 병원

광고문의 의미 파악하기 【토픽Ⅱ 읽기 7번 문제】

> 전략
> ▶ 무엇에 대한 공익 광고문인지를 찾는 문제이다.
> ▶ 어휘를 정확하게 이해해야 어떤 공익 광고인지 알 수 있다.

※ [5~8] 다음은 무엇에 대한 글인지 고르십시오. (각 2점)

7.
낮은 속도, 높은 안전
속도를 줄이면 생명을 지킵니다.

① 교통 안전　　② 환경 보호　　③ 학교 폭력　　④ 인권 보호

 광고문의 의미 파악하기 【토픽Ⅱ 읽기 8번 문제】

> 전략
> ▶ 어떤 안내문인지를 파악하는 문제이다.
> ▶ 문장을 정확하게 이해해야 무엇에 대한 안내문인지 찾을 수 있다.

※ [5~8] 다음은 무엇에 대한 글인지 고르십시오. (각 2점)

8.
> ❶ 알약은 개봉하지 말고 포장지 그대로 버려 주세요.
> ❷ 물약과 연고는 마개를 잘 잠그고 버려 주세요.

① 사용 규칙　　② 구입 방법　　③ 배출 방법　　④ 판매 안내

글의 주제 파악하기 【토픽Ⅱ 읽기 20번 문제】

전략
▶ 글의 주제를 찾는 문제이다.
▶ 내용을 정확하게 이해해서 전체적인 글의 주제를 찾는 것이 중요하다.

※ [19~20] 다음을 읽고 물음에 답하십시오. (각 2점)

최근 유명 연예인들까지 참여하면서 유튜브 시장에 대한 관심이 뜨겁다. 그런데 많은 유튜브 운영자들이 대중들의 관심을 끌기 위해서 자극적이고 사실 확인이 되지 않은 발언으로 논란을 일으키기도 한다. 비록 초기에는 이런 자극적인 영상들이 인기를 끈다고 해도 콘텐츠의 질이 보장되지 않는 한 지속되기는 쉽지 않다.

20. 윗글의 주제로 가장 알맞은 것을 고르십시오.
① 유튜브는 콘텐츠의 질이 좋아야 오래 지속될 수 있다.
② 유튜브 운영자들의 생명이 짧은 것이 문제가 되고 있다.
③ 유튜브 운영자들은 대중들의 관심을 끌기 위해서 노력한다.
④ 유튜브를 하려면 초기에는 자극적인 영상을 올리는 것이 효과적이다.

 글의 주제 파악하기 【토픽Ⅱ 읽기 35번 문제】

전략
▶ 글의 주제를 찾는 문제이다.
▶ 글의 전체적인 내용을 정확하게 이해해야 주제를 찾을 수 있다.

※ [35~38] 다음을 읽고 글의 주제로 가장 알맞은 것을 고르십시오. (각 2점)

35.
예금자 보호법은 금융기관이 파산 등의 사유로 고객의 돈을 돌려주지 못할 상황이 발생했을 때 예금보호공사가 대신해서 고객에게 돈을 지급하는 제도이다. 1인당 보호 한도액은 원금과 이자를 포함해서 최대 5천만 원이다. 이는 2001년 2천만 원에서 5천만 원으로 상향된 이후 현재까지 그대로 묶여 있는 실정이다. 국민의 재산권 보호를 위해서라도 시대에 맞춰 한도액을 인상해야 한다.

① 1인당 예금자 보호 한도액을 늘려야 한다.
② 변화하는 시대에 맞게 예금자 보호법을 신설해야 한다.
③ 예금보호공사는 금융기관이 파산하지 않도록 관리해야 한다.
④ 예금자 보호 대상 금융기관을 늘려 국민의 재산권을 보호해야 한다.

글의 주제 파악하기 【토픽Ⅱ 읽기 36번 문제】

> **전략**
> ▶ 글의 주제를 찾는 문제이다.
> ▶ 글의 전체적인 내용을 정확하게 이해해야 주제를 찾을 수 있다.

※ [35~38] 다음을 읽고 글의 주제로 가장 알맞은 것을 고르십시오. (각 2점)

36.
유명한 인기 가수 공연 티켓은 예매를 시작하자마자 바로 매진이 되는 경우가 많다. 이는 암표상들이 컴퓨터 프로그램을 이용하여 대량으로 구매하는 것이 하나의 원인으로 지목되고 있다. 불법 암표 거래를 막지 못한다면 건전한 공연 문화를 확립할 수 없다. 암표 거래 실태를 조사하여 부정적인 암표 거래를 시급히 근절해야 한다.

① 암표 거래에 대한 인식의 변화가 필요하다.
② 암표 거래를 막을 수 있는 대책을 마련해야 한다.
③ 인기 가수의 공연 티켓 예매 방법이 달라져야 한다.
④ 유명한 인기 가수의 공연을 늘려 암표를 근절해야 한다.

글의 주제 파악하기 【토픽Ⅱ 읽기 37번 문제】

> **전략**
> ▶ 글의 주제를 찾는 문제이다.
> ▶ 글의 전체적인 내용을 정확하게 이해해야 주제를 찾을 수 있다.

※ [35~38] 다음을 읽고 글의 주제로 가장 알맞은 것을 고르십시오. (각 2점)

37.
'노시보 효과'는 환자의 증상에 맞게 적절한 약을 처방했음에도 환자의 의심과 불신으로 인해 효과가 나타나지 않는 현상을 의미한다. 긍정적인 믿음이 치료 효과를 가져오는 '플라시보 효과'에 대한 반대 개념이다. 실제로 의사가 환자에게 최악의 상황을 설명하거나 부정적인 진단 결과를 내렸을 때 환자의 상태가 악화되는 경우가 있다. 환자의 심리 상태가 병을 악화시키기도 하고 호전시키기도 하는 것이다.

① 환자의 심리 상태가 치료에 영향을 미친다.
② 긍정적인 믿음을 가지면 병을 완치할 수 있다.
③ 환자는 약의 처방에 대해 의심하고 불신하는 경향이 있다.
④ 의사는 환자에게 부정적인 진단 결과를 알리지 않아야 한다.

2 글의 주제 파악하기 【토픽II 읽기 38번 문제】

▶ 글의 주제를 찾는 문제이다.
▶ 글의 전체적인 내용을 정확하게 이해해야 주제를 찾을 수 있다.

※ [35~38] 다음을 읽고 글의 주제로 가장 알맞은 것을 고르십시오. (각 2점)

38.
> 유전자 변형 식품은 유전자를 인위적으로 재조합한 재료로 만든 식품이다. 우리가 인지하든 인지하지 못하든 유전자 변형 식품은 이미 우리의 식탁을 점령하고 있다. 그러나 유전자 변형 식품에 대한 안전성 논란은 지금도 지속되고 있다. 유전자 변형 식품에 대해 부정적으로만 인식할 것이 아니라 유전자 변형 식품의 장점을 살려 식량 부족 문제를 해결하는 대안으로 활용하는 등 바람직한 방안을 모색해야 한다.

① 유전자 변형 식품을 많이 먹는 것은 문제이다.
② 유전자 변형 식품에 대한 인식의 전환이 필요하다.
③ 유전자 변형 식품에 대한 안전성 논란은 지속되어야 한다.
④ 유전자 변형 식품은 유전자를 인위적으로 조작한 식품이다.

2 글의 주제 파악하기 【토픽Ⅱ 읽기 45번 문제】

▶ 설명문이나 논설문을 읽고 글의 주제를 찾는 문제이다.
▶ 글의 전체적인 내용을 정확하게 파악하여 글을 쓴 목적을 이해해야 한다.

※ [44~45] 다음을 읽고 물음에 답하십시오. (각 2점)

> 한옥은 한국의 전통주택이다. 한옥은 자연과의 조화를 가장 중요시했기 때문에 자연을 거스르지 않고 자연 속에 순응하도록 건축되었다. 한옥은 흙과 나무를 주재료로 사용하여 인위적이지 않고 친환경적으로 지어졌다. 한옥은 지역에 따라 형태가 다양하다. 지역의 특성에 맞게 북부 지방은 추위를 막기 위한 효율적인 구조로, 남부 지방은 더위를 피하기 위해 바람이 잘 통하는 구조로 건축되었다. 이 외에도 한옥의 황토벽은 습도 조절이 잘 되므로 쾌적한 실내공간을 유지하는 장점이 있다. 한옥의 가장 큰 특징은 온돌과 마루를 통해 난방과 냉방이 균형 있게 결합되어 있다는 점이다. 열전도를 활용하여 방바닥을 골고루 데워 주는 온돌과 바람이 잘 통하도록 만든 대청마루는 건강하게 추위와 더위를 이길 수 있도록 도와준다. 아파트에 밀려 현대의 주거 형태에서 멀어졌던 한옥이 환경친화적인 건축으로 재조명을 받으며 관심을 끌고 있다.

45. 윗글의 주제로 가장 알맞은 것을 고르십시오.
① 한옥은 장점이 많은 한국의 전통주택이다.
② 한옥은 자연과의 조화를 이루기 위해서 건축되었다.
③ 한옥은 환경친화적인 건축물로 재조명을 받을 것이다.
④ 한옥은 지역의 환경적 특성을 잘 반영하여 건축되었다.

2 글의 주제 파악하기 【토픽Ⅱ 읽기 48번 문제】

- 글을 쓴 목적을 파악하는 문제이다.
- 글의 내용을 정확하게 이해하여 글을 쓴 목적을 찾아야 한다.

※ [48~50] 다음을 읽고 물음에 답하십시오. (각 2점)

전 세계가 이상 고온 현상으로 인해 극심한 몸살을 앓고 있다. 한국에서도 수은주가 최고 섭씨 40도까지 치솟는 등 전례 없는 폭염으로 온열 질환자가 속출하고 있다. 정부 관계 부처에서는 야외에서 근무하는 사람들이나 빈곤층이 폭염으로 피해를 입지 않도록 대책을 마련하고 있다. 이러한 기후 변화에 대해 과학자들은 예상을 뛰어넘는 이례적인 현상이라고 한다. 특히 과학자들이 우려하는 것은 북대서양의 해수면 온도 상승과 남극 대륙의 빙하 감소이다. 북대서양의 해수면 온도는 지난달 평균에 비해 섭씨 10도가 오른 것으로 밝혀졌다. 탄소 배출과 온실 효과 등으로 인해 해수면 온도가 상승한다고 해도 올여름의 상승 속도는 이례적이다. 과학자들은 이러한 지구 온난화 추세가 멈추지 않고 지속된다면 아마존 열대 우림 등의 중요한 자연 생태계가 파괴되는 등 심각한 문제가 초래될 것이라고 경고했다.

48. 윗글을 쓴 목적으로 가장 알맞은 것을 고르십시오.
① 기후 위기의 심각성을 알리기 위해서
② 기후 위기의 사례를 제시하기 위해서
③ 기후 위기의 원인을 분석하기 위해서
④ 기후 위기의 해결 방안을 알리기 위해서

3 머리기사의 의미 파악하기 【토픽Ⅱ 읽기 25번 문제】

▶ 신문 머리기사의 의미를 찾는 문제이다.
▶ 어휘의 의미를 정확하게 파악하는 것이 중요하다.

※ [25~27] 다음 신문 기사의 제목을 가장 잘 설명한 것을 고르십시오. (각 2점)

25.
> 심상찮은 독감 환자 확산, 여름에도 안심할 수 없다.

① 여름에 발생하는 독감은 증세가 심각하다.
② 여름에도 독감 환자가 많이 발생하니까 조심해야 한다.
③ 여름에 발생하는 독감 환자를 위한 치료제를 개발하고 있다.
④ 여름에도 안심할 수 있도록 독감 예방 접종을 꼭 해야 한다.

3 머리기사의 의미 파악하기 【토픽Ⅱ 읽기 26번 문제】

▶ 신문 머리기사 제목의 의미를 찾는 문제이다.
▶ 어휘의 의미를 정확하게 파악하는 것이 중요하다.

※ [25~27] 다음 신문 기사의 제목을 가장 잘 설명한 것을 고르십시오. (각 2점)

26.
> 관광지 바가지요금 극성, 정부의 단속도 실효성 없어

① 관광지에서 요금을 책정하지 않은 가게를 단속했다.
② 관광지에서 요금을 비싸게 받는 것을 정부가 허용했다.
③ 관광지에서 바가지를 파는 가게가 너무 많아서 문제이다.
④ 관광지에서 비싼 요금을 받는 가게를 단속했지만 효과가 없다.

3 머리기사의 의미 파악하기 【토픽 II 읽기 27번 문제】

▶ 신문 머리기사 제목의 의미를 찾는 문제이다.
▶ 어휘의 의미를 정확하게 파악하는 것이 중요하다.

※ [25~27] 다음 신문 기사의 제목을 가장 잘 설명한 것을 고르십시오. (각 2점)

27.
물가 인상은 쑥, 월급 인상은 찔끔

① 물가가 인상되자마자 월급이 인상되었다.
② 물가 인상률을 반영하여 월급을 인상했다.
③ 물가와 월급이 모두 올라서 생활하기에는 문제가 없다.
④ 물가는 많이 오른 반면 월급은 조금밖에 오르지 않았다.

유형 ❸ B

1 광고문의 의미 파악하기 【토픽Ⅱ 읽기 5번 문제】

- ▶ 광고 문구를 보고 어떤 물건의 광고인지를 찾는 문제이다.
- ▶ 광고 문구에 들어 있는 어휘를 확인하는 것이 중요하다.

※ [5~8] 다음은 무엇에 대한 글인지 고르십시오. (각 2점)

5.
**육즙이 금보다 소중하다!
마르지 않는 신선함을 오래도록**

① 에어컨　　　② 청소기　　　③ 냉장고　　　④ 정수기

1 광고문의 의미 파악하기 【토픽Ⅱ 읽기 6번 문제】

- ▶ 광고 문구를 보고 광고하는 장소를 찾는 문제이다.
- ▶ 장소를 추측할 수 있는 어휘를 찾는 것이 중요하다.

※ [5~8] 다음은 무엇에 대한 글인지 고르십시오. (각 2점)

6.
**멋 내기의 완성! 머리만 바꾸면 완벽!
조조할인, 가족 동반 할인**

① 호텔　　　② 극장　　　③ 미용실　　　④ 찜질방

1 광고문의 의미 파악하기 【토픽Ⅱ 읽기 7번 문제】

▶ 무엇에 대한 공익 광고문인지를 찾는 문제이다.
▶ 어휘를 정확하게 이해해야 어떤 공익 광고인지 알 수 있다.

※ [5~8] 다음은 무엇에 대한 글인지 고르십시오. (각 2점)

7.
> 기도보다 소중한 일, 손 씻기
> 마스크만으로 예방되지 않습니다.

① 생활 예절　　　② 자원 절약　　　③ 위생 관리　　　④ 아동 보호

1 광고문의 의미 파악하기 【토픽Ⅱ 읽기 8번 문제】

▶ 어떤 안내문인지를 파악하는 문제이다.
▶ 문장을 정확하게 이해해야 무엇에 대한 안내문인지 찾을 수 있다.

※ [5~8] 다음은 무엇에 대한 글인지 고르십시오. (각 2점)

8.
> ❶ 공연 시작 10분 전까지 입장을 마쳐 주시기 바랍니다.
> ❷ 관람 연령을 준수하여 주시기 바랍니다.

① 이용 순서　　　② 주의 사항　　　③ 공연 설명　　　④ 매표 방법

2 글의 주제 파악하기 【토픽Ⅱ 읽기 20번 문제】

▶ 글의 주제를 찾는 문제이다.
▶ 내용을 정확하게 이해해서 전체적인 글의 주제를 찾는 것이 중요하다.

※ [19~20] 다음을 읽고 물음에 답하십시오. (각 2점)

> 한 지방 도시에서 쓰레기 매립장 확충 문제로 시 당국과 주민들 사이에 분쟁이 발생했다. 주민들은 쓰레기 매립장에서 발생하는 악취와 오염수 문제를 제기하면서 매립장 확충 계획에 강력히 반대했다. 시에서는 설명회와 공청회를 여러 차례 실시해서 주민들을 설득했고 결국 매립장을 확장할 수 있게 되었다. 대화와 타협만이 갈등을 해결할 최고의 열쇠임을 보여 주는 사례라 하겠다.

20. 윗글의 주제로 가장 알맞은 것을 고르십시오.
① 쓰레기 매립장에서는 악취와 오염수가 발생한다.
② 갈등을 해결하기 위해서는 대화와 타협이 필요하다.
③ 설명회와 공청회를 실시하는 것이 시 당국의 역할이다.
④ 주민들이 반대하는 시설이라도 필요하면 확충해야 한다.

2 글의 주제 파악하기 【토픽Ⅱ 읽기 35번 문제】

▶ 글의 주제를 찾는 문제이다.
▶ 글의 전체적인 내용을 정확하게 이해해야 주제를 찾을 수 있다.

※ [35~38] 다음을 읽고 글의 주제로 가장 알맞은 것을 고르십시오. (각 2점)

35.
> 현대사회는 과학기술의 발전 위에서 형성되고 성장해 왔다. 우리의 삶에서 과학기술이 갖는 의미가 점점 더 커짐에 따라 예기치 못한 여러 문제들이 발생하고 있다. 이를 해결하기 위해서는 학계가 인문학적, 사회과학적 시각으로 과학기술을 탐구하고 다양한 관점에서 과학의 발전을 성찰해야 한다. 특정 학제에 한정하지 않고 다양한 학문과의 융합연구를 통해서 인류가 과학기술을 유익하게 활용할 수 있는 토대를 마련해야 한다.

① 현대사회에서 과학기술의 중요성이 커지고 있다.
② 과학기술의 활용에 대해 학제 간 융합연구가 필요하다.
③ 우리의 삶을 유익하게 만드는 것은 과학기술의 발전이다.
④ 전문가들은 과학기술을 활용해서 다양한 연구를 해야 한다.

글의 주제 파악하기 【토픽Ⅱ 읽기 36번 문제】

> 전략
> ▶ 글의 주제를 찾는 문제이다.
> ▶ 글의 전체적인 내용을 정확하게 이해해야 주제를 찾을 수 있다.

※ [35~38] 다음을 읽고 글의 주제로 가장 알맞은 것을 고르십시오. (각 2점)

36.
> 반려견, 반려묘 등 동물을 가족의 일원으로 생각하며 키우는 이들이 적지 않다. 하지만 해마다 버려지거나 유실되는 동물의 수가 늘어 동물보호센터는 유기동물들로 항상 포화 상태이다. 소유자가 책임의식을 가지고 반려동물을 끝까지 돌보고 동물등록제를 통해 정보를 등록한다면 어느 정도는 문제를 해결할 수 있다. 나아가 현재와 같은 동물 생산, 판매를 제한하고 입양 절차를 엄격히 해야 한다.

① 반려동물이 가족의 일원이 되도록 키워야 한다.
② 반려동물 소유자는 책임의식을 가지고 돌봐야 한다.
③ 반려동물을 대량 생산하고 판매 제한을 없애야 한다.
④ 버려지거나 유실되는 동물을 위한 보호센터를 늘려야 한다.

글의 주제 파악하기 【토픽Ⅱ 읽기 37번 문제】

> 전략
> ▶ 글의 주제를 찾는 문제이다.
> ▶ 글의 전체적인 내용을 정확하게 이해해야 주제를 찾을 수 있다.

※ [35~38] 다음을 읽고 글의 주제로 가장 알맞은 것을 고르십시오. (각 2점)

37.
> 발효식품은 곰팡이와 같은 미생물의 작용에 의해서 유기물이 분해되어 새로운 성분을 합성하는 과정을 통해서 만들어진 식품이다. 복잡한 발효 과정에서 원료에는 없던 다양한 성분이 생겨나면서 영양가가 높아지고 저장성이 향상된다. 다양한 발효식품이 음식의 맛과 풍미를 높이기 위해서 사용되는데 항암, 항산화 효과에다가 장 건강, 피부 건강까지 향상시키는 기능이 있어서 각광을 받고 있다.

① 발효식품은 단순한 과정을 통해서 만들어진다.
② 발효식품은 유기물을 분해하고 남은 물질이다.
③ 발효식품은 건강에 이로운 다양한 기능을 한다.
④ 발효식품은 영양이 풍부한 반면 저장기간이 짧다.

2 글의 주제 파악하기 【토픽Ⅱ 읽기 38번 문제】

▶ 글의 주제를 찾는 문제이다.
▶ 글의 전체적인 내용을 정확하게 이해해야 주제를 찾을 수 있다.

※ [35~38] 다음을 읽고 글의 주제로 가장 알맞은 것을 고르십시오. (각 2점)

38.
> 이기주의는 개인주의와 달리 타인이나 사회를 배려하지 않고 자기만의 이익과 행복을 추구하는 사고방식이나 태도를 말한다. 한마디로 극단적이고 불건전한 사상이라고 하겠다. 개인주의는 타인을 자신과 마찬가지로 개인으로 보고 존중하지만 이기주의는 나만 이득을 보면 된다는 생각이다. 현실적으로는 혼동되기 쉽지만 정당한 개인주의를 이기주의로 몰아세우거나 부당한 이기주의를 개인주의로 포장하는 일이 없는지 적극적으로 살펴야 한다.

① 이기주의와 개인주의를 구별하고 대응해야 한다.
② 이기주의보다 개인주의는 자기의 이익을 더 추구한다.
③ 이기주의와 개인주의는 사회생활에 불필요한 태도이다.
④ 이기주의는 현실에서 타인을 존중하는 태도로 나타난다.

2 글의 주제 파악하기 【토픽Ⅱ 읽기 45번 문제】

- 설명문이나 논설문을 읽고 글의 주제를 찾는 문제이다.
- 글의 전체적인 내용을 정확하게 파악하여 글을 쓴 목적을 이해해야 한다.

※ [44~45] 다음을 읽고 물음에 답하십시오. (각 2점)

> 귀여운 외모로 인기가 많은 '자이언트 판다'는 제대로 보호를 받지 못해 개체수가 줄어들어 멸종위기종 등급까지 받았다. 하지만 복원 프로젝트 덕분에 현재는 개체수가 증가 추세에 있다. 판다는 대나무를 먹는 초식동물로 알려져 있지만 사실은 육식동물의 소화기관을 갖추고 있는 곰과의 동물이다. 그래서 대나무 소화율이 17%밖에 되지 않기 때문에 성장한 판다는 매일 주식인 대나무를 20~40킬로그램 이상 먹어야 한다. 필요한 에너지를 충분히 보충하기 위해서는 대량의 대나무를 섭취해야 하기 때문이다. 또한 에너지 소모를 최소화하기 위해서 자는 시간을 제외하면 거의 하루 종일 먹기만 한다.

45. 윗글의 주제로 가장 알맞은 것을 고르십시오.
   ① 판다는 귀여운 외모로 인기가 많아지고 있다.
   ② 판다는 제대로 보호를 받지 못해 멸종위기에 있다.
   ③ 판다는 에너지를 절약하기 위해서 많은 시간을 잔다.
   ④ 판다는 초식을 하지만 육식동물의 소화기관을 가졌다.

2 글의 주제 파악하기 【토픽Ⅱ 읽기 48번 문제】

▶ 글을 쓴 목적을 파악하는 문제이다.
▶ 글의 내용을 정확하게 이해하여 글을 쓴 목적을 찾아야 한다.

※ [48~50] 다음을 읽고 물음에 답하십시오. (각 2점)

> 노벨상은 인류를 위해서 크게 헌신한 사람에게 매년 시상하는 세계적으로 권위 있는 상이다. 노벨상은 독창성을 중시하며 인류 발전에 기여한 연구나 발명이 있을 경우에는 맨 처음 그 아이디어를 낸 사람에게 상을 준다. 즉, 원리를 만든 사람에게 상을 주고 그 원리에 바탕을 둔 생산이나 응용에 기여한 사람에게는 주지 않는 것이다. 그런데 과학자들이 노벨상을 받기까지 걸리는 시간이 점점 길어지고 있다. 분야에 따라서는 과학자들이 논문을 발표하고 2~30년이 지나서 상을 받게 된다. 왜냐하면 매년 새로운 과학적 발견은 늘고 있는데 노벨상 수상자의 수는 늘어나지 않기 때문이다. 노벨위원회가 과거 연구에 너무 집중하면서 새로운 연구 성과들은 또 수십 년간 빛을 보지 못하는 악순환이 계속되고 있다. 새로운 연구와 발명을 장려하고 그 성과를 치하하는 상이라면 더 많은 이들이 상을 받고 영광을 누릴 수 있어야 한다.

48. 윗글을 쓴 목적으로 가장 알맞은 것을 고르십시오.

① 노벨상의 의미를 알리기 위해서
② 노벨상 수상자를 축하하기 위해서
③ 노벨상의 문제를 제기하기 위해서
④ 노벨상에 대한 관심을 끌기 위해서

3 머리기사의 의미 파악하기 【토픽 II 읽기 25번 문제】

▶ 신문 머리기사의 의미를 찾는 문제이다.
▶ 어휘의 의미를 정확하게 파악하는 것이 중요하다.

※ [25~27] 다음 신문 기사의 제목을 가장 잘 설명한 것을 고르십시오. (각 2점)

25.
> 터무니없는 입장료, 피해는 고스란히 소비자의 몫

① 입장료를 지나치게 비싸게 받아서 소비자만 피해를 본다.
② 입장료가 없어지자 그동안 피해를 본 소비자들이 환영했다.
③ 입장료를 결정할 때 소비자들의 의견을 듣지 않아서 문제다.
④ 입장료를 내지 않는 소비자들 때문에 관리에 어려움이 있다.

3 머리기사의 의미 파악하기 【토픽 II 읽기 26번 문제】

▶ 신문 머리기사 제목의 의미를 찾는 문제이다.
▶ 어휘의 의미를 정확하게 파악하는 것이 중요하다.

※ [25~27] 다음 신문 기사의 제목을 가장 잘 설명한 것을 고르십시오. (각 2점)

26.
> 연말연시 대낮 음주 운전, 구멍 뚫린 검문검색

① 연말연시에 낮에 하는 음주 운전은 심각한 사회문제이다.
② 연말연시이기 때문에 음주 운전을 검문하지 않기로 했다.
③ 연말연시를 축하하며 낮술을 마시는 사람들이 늘고 있다.
④ 연말연시에 낮에도 음주 운전을 하지만 잡지 못하고 있다.

3 머리기사의 의미 파악하기 【토픽Ⅱ 읽기 27번 문제】

▶ 신문 머리기사 제목의 의미를 찾는 문제이다.
▶ 어휘의 의미를 정확하게 파악하는 것이 중요하다.

※ [25~27] 다음 신문 기사의 제목을 가장 잘 설명한 것을 고르십시오. (각 2점)

27.
> 예식 비용 거품, 하객들이 부담 떠안아

① 결혼식 비용이 알려지면 하객들이 부담스러워할 수 있다.
② 결혼식 비용이 비싸져서 하객들이 축의금을 많이 내고 있다.
③ 결혼식 비용을 결정하는 기준은 하객들이 느끼는 부담감이다.
④ 결혼식 비용을 과다 청구하는 경우가 많아서 주의가 필요하다.

Reading Plus

※ 읽기 문제에서 나온 어휘를 익혀 보세요.

- 각광
- 간직하다
- 개봉
- 개체수
- 거래
- 거스르다
- 거품
- 건축되다
- 검문검색
- 검사
- 결합
- 고스란히
- 관점
- 극단적
- 극성
- 근절
- 금융
- 기도
- 기여하다
- 논란
- 높이

- 단속
- 당일
- 대낮
- 독감
- 동반
- 드러나다
- 떠안다
- 뚫리다
- 마개
- 마치다
- 맞다
- 매립장
- 멋
- 모색하다
- 몫
- 몰아세우다
- 물가
- 바가지요금
- 발언
- 발표
- 배려

Reading Plus

- 배출
- 변형
- 보장
- 보충하다
- 복원
- 부담
- 부당하다
- 분쟁
- 분해하다
- 불신
- 사유
- 생명
- 설득
- 섭취하다
- 성장하다
- 성찰하다
- 소중하다
- 속도
- 속출하다
- 순응하다
- 시상하다

- 신선하다
- 실태
- 실효성
- 심리
- 심상찮다
- 쑥
- 재조명하다
- 제외하다
- 악순환
- 악화
- 안전
- 알약
- 암표
- 엄격히
- 연고
- 연령
- 연말연시
- 예기치 못하다
- 예방
- 예식
- 예약

Reading Plus

- 완벽
- 완성
- 원금
- 유기
- 유실되다
- 유익하다
- 유전자
- 육즙
- 이득
- 이례적
- 인상
- 인위적
- 인지
- 입양
- 입장
- 자극적
- 작용
- 장려하다
- 재산권
- 저장하다
- 전례
- 전문의
- 점령
- 제기하다
- 제한
- 조절
- 조조할인
- 존중하다
- 준수하다
- 줄이다
- 지목
- 진단
- 진료
- 찔끔
- 처방
- 초래
- 추구
- 치하하다
- 타협
- 탐구하다
- 터무니없다
- 파괴

Reading Plus

- 파산
- 포화
- 풍미
- 한도액
- 한정하다
- 합성하다
- 헌신하다
- 형성
- 호전되다
- 확립
- 확산
- 확충

세부 내용 이해하기

1 안내문의 내용 파악하기
토픽Ⅱ 읽기 9번 문제

2 그래프의 내용 파악하기
토픽Ⅱ 읽기 10번 문제

3 기사의 내용 파악하기
토픽Ⅱ 읽기 11, 12, 22번 문제

4 수필의 내용 파악하기
토픽Ⅱ 읽기 23, 24번 문제

5 설명문의 내용 파악하기
토픽Ⅱ 읽기 32, 33, 34, 46번 문제

6 소설의 내용 파악하기
토픽Ⅱ 읽기 42, 43번 문제

7 칼럼의 내용 파악하기
토픽Ⅱ 읽기 47, 50번 문제

[유형 A] 문제 풀이 무료 동영상 강의가 제공됩니다.
한 단계 더 높은 [유형 B] 문제 풀이 동영상 강의로 토픽 시험을 완벽하게 준비하세요.

유형 ❹ A

1 안내문의 내용 파악하기 【토픽 II 읽기 9번 문제】

전략
▶ 안내문을 정확하게 이해하는 문제이다.
▶ 안내문은 문맥의 내용보다는 주요 어휘를 정확하게 이해하는 것이 중요하다.

※ [9~12] 다음 글 또는 그래프의 내용과 같은 것을 고르십시오. (각 2점)

9.

서울 수목원 이용 안내

▲ 입장권 예매 : 입장 30일 전부터 예매
  ※ 당일 예매 불가
▲ 주차 : 사전 예약한 차량만 주차장 이용 가능
▲ 예약 방법 : 인터넷 예약
  ※ 단체 관람은 전화 예약 가능
▲ 문의 전화 : 031-123-4567

① 서울 수목원은 매달 30일에 예매할 수 있다.
② 서울 수목원 주차장은 선착순으로 이용할 수 있다.
③ 단체로 수목원에 가는 경우에는 전화로 예약할 수 있다.
④ 수목원에 입장하는 당일에 인터넷으로 입장권을 예매하면 된다.

2 그래프의 내용 파악하기 【토픽Ⅱ 읽기 10번 문제】

- ▶ 그래프를 보고 내용을 파악하는 문제이다.
- ▶ 그래프의 제목을 먼저 확인하여 무엇에 대한 그래프인지 이해한다.
- ▶ 어휘를 정확하게 이해해야 그래프의 내용을 알 수 있다.

※ [9~12] 다음 글 또는 그래프의 내용과 같은 것을 고르십시오. (각 2점)

10.

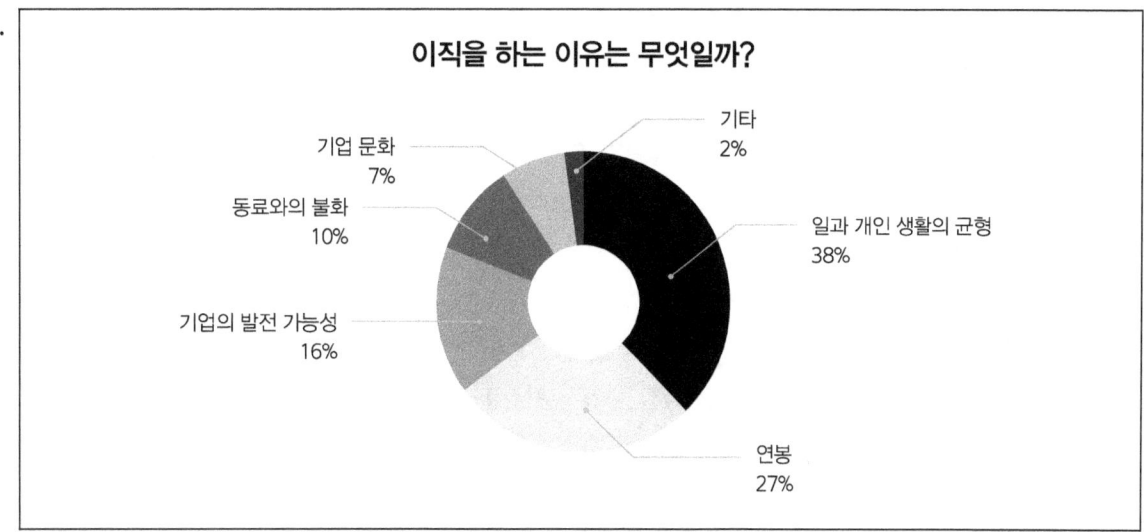

① 이직을 하는 가장 큰 이유는 연봉으로 나타났다.
② 이직의 이유로 연봉이 기업의 발전 가능성보다 2배 이상 많았다.
③ 이직의 이유로 동료와의 불화가 연봉보다 많은 것으로 나타났다.
④ 돈보다 일과 개인 생활의 균형을 맞추기 위해서 이직을 하는 경우가 많았다.

3 기사의 내용 파악하기 【토픽Ⅱ 읽기 11번 문제】

▶ 기사 형식의 글에 대한 구체적인 내용을 확인하는 문제이다.
▶ 글의 내용과 비교하면서 문제를 푸는 것이 좋다.

※ [9~12] 다음 글 또는 그래프의 내용과 같은 것을 고르십시오. (각 2점)

11.
> 피아니스트 김수미가 올해의 세계 예술인상 수상자로 선정되었다. 역대 최연소 수상자인 김수미는 2023년 국제 피아노 대회에서 우승하면서 세계적인 주목을 받았다. 해외 공연 일정으로 시상식에 불참한 그는 끊임없이 노력하고 있는 젊은 예술인들에게 용기를 주는 상이라고 생각한다는 소감을 밝혔다.

① 세계 예술인상은 올해 처음으로 신설되었다.
② 수상자는 해외 공연을 미루고 시상식에 참석했다.
③ 세계 예술인상은 젊은 예술인들에게 용기를 주기 위해 만든 상이다.
④ 수상자는 지금까지 이 상을 받은 사람들 중에서 가장 나이가 어리다.

3 기사의 내용 파악하기 【토픽Ⅱ 읽기 12번 문제】

▶ 기사 형식의 글에 대한 구체적인 내용을 확인하는 문제이다.
▶ 글의 내용과 비교하면서 문제를 푸는 것이 좋다.

※ [9~12] 다음 글 또는 그래프의 내용과 같은 것을 고르십시오. (각 2점)

12.
> 때 이른 기습적인 폭설로 인주시 산간 마을에 있는 10여 가구가 고립되었다. 어제 오전부터 내린 폭설로 마을 진입로가 막혀 차량 진입이 통제되고 있다. 인주시에 이틀 동안 70cm가량의 눈이 내리면서 인근의 딸기 농가가 큰 피해를 입었다. 오늘 오후부터 눈이 그치면서 제설 작업을 시작했지만 아직은 역부족인 상태이다.

① 눈이 갑자기 많이 와서 농가의 피해가 컸다.
② 눈이 많이 내렸지만 차량 통행에는 별로 문제가 없다.
③ 눈이 계속 내려서 눈을 치우는 작업을 시작하지 못했다.
④ 눈이 많이 내렸지만 제설 작업이 잘 진행되어 문제가 없다.

3 기사의 내용 파악하기 【토픽Ⅱ 읽기 22번 문제】

- ▶ 기사 형식의 글에 대한 구체적인 내용을 확인하는 문제이다.
- ▶ 글의 내용과 비교하면서 문제를 푸는 것이 좋다.

※ [21~22] 다음을 읽고 물음에 답하시오. (각 2점)

> 올해 초에 인주 제과에서 출시한 신제품이 날개 돋친 듯이 팔리고 있다. 어른들의 간식이라는 평가를 받으며 아이들보다는 중년층 수요가 많은 것이 특징이다. 달지 않고 짭짤해서 안주 대용으로도 손색이 없다는 입소문이 나면서 품귀 현상까지 일어나고 있다. 인주 제과는 다음 달부터 생산량을 2배로 늘리겠다고 발표했다.

22. 윗글의 내용과 같은 것을 고르십시오.
① 인주 제과의 신제품은 중년층에게 인기가 많다.
② 인주 제과의 신제품은 매체를 통한 광고로 인기를 끌었다.
③ 인주 제과의 신제품은 어른들의 안주용으로 만든 과자이다.
④ 인주 제과의 신제품은 생산량을 늘려서 구매하기가 어렵지 않다.

4 수필의 내용 파악하기 【토픽 II 읽기 23번 문제】

>
> ▶ 수필에 나오는 등장인물의 감정, 기분 등을 파악하는 문제이다.
> ▶ 등장인물이 처해 있는 상황을 정확하게 이해해야 한다.

※ [23~24] 다음을 읽고 물음에 답하십시오. (각 2점)

> 아침에 눈을 뜨면 습관적으로 출근 준비를 하고 회사에 간다. 바쁘게 돌아가는 회사 업무를 처리하다 보면 어느새 퇴근 시간이다. 직장 동료들과 맥주 한잔을 하고 지친 몸을 이끌고 집으로 돌아와 잠자리에 든다. 이렇게 쳇바퀴 돌듯 사는 나의 하루를 생각하면 숨이 막힌다. 나는 일과 삶의 균형을 잘 맞추고 있는 건가? 요즘 젊은 세대들을 보면 직장 생활과 개인적인 삶의 영역을 정확하게 분리하여 생활하는 것 같다. 직장에서의 몰입과 일의 성과에 대한 보람도 중요하지만 개인적인 삶의 가치도 무시할 수 없다. 지속적으로 건강하게 직장 생활을 유지하려면 근무 시간 이외의 나의 시간 관리에 대한 점검이 필요한 시기라는 생각이 든다. 피곤하다는 핑계로 아무것도 하지 않고 빈둥거리는 주말을 좀 더 생산적으로 보낸다면 삶의 활력을 찾는 데 도움이 되지 않을까?

23. 밑줄 친 부분에 나타난 '나'의 심정으로 가장 알맞은 것을 고르십시오.
① 지치고 걱정스럽다
② 불편하고 짜증스럽다
③ 답답하고 불만스럽다
④ 안타깝고 고통스럽다

4 수필의 내용 파악하기 【토픽Ⅱ 읽기 24번 문제】

▶ 수필 형식의 글을 파악하는 문제이다.
▶ 전체의 내용과 함께 세부적인 내용을 정확하게 이해해야 한다.

※ [23~24] 다음을 읽고 물음에 답하십시오. (각 2점)

> 서류 심사와 필기시험을 통과한 후 마지막 관문인 면접을 위해서 준비를 정말 많이 했다. 이제는 나도 떳떳한 직장인으로 성장하는 모습을 상상하면서 최선을 다했다. 그러나 나의 예측이 빗나갔다. 불합격이라는 결과를 보고 가슴이 내려앉았다. 자식 뒷바라지하느라고 고생하고 계시는 부모님을 생각하니 가슴이 답답해져 온다. 사실 같이 취업을 준비하던 친구의 합격 소식을 듣고 내심 나도 될 거라고 기대했었다. 취업 준비를 시작한 지 벌써 3년. 서른이 다가오는데 아직 부모님에게 용돈을 받아 생활하는 내가 한심스럽기까지 하다. 어렸을 때부터 꿈이었던 방송 기자의 꿈을 접어야 하는 걸까? 나름 취업하기 위해서 최선을 다했다고 생각하는데 뭐가 부족한 것일까? 내가 하고 싶은 일이 아니더라도 일단 취업을 해야 하는 걸까? 목적지도 없이 걷고 있는데 눈물이 하염없이 줄줄 흐른다.

24. 윗글의 내용과 같은 것을 고르십시오.
① 나는 서른이 넘었지만 아직 취업을 하지 못하고 있다.
② 나는 이번에 합격할 수 있으리라고 기대를 하지 않았다.
③ 나의 경제력은 스스로 용돈을 해결할 수 있는 정도이다.
④ 나는 지금까지 방송 기자가 되기 위한 취업 준비를 해 왔다.

5 설명문의 내용 파악하기 【토픽 II 읽기 32번 문제】

- ▶ 글의 세부적인 내용을 파악하는 문제이다.
- ▶ 문장을 꼼꼼하게 읽어 내용을 정확하게 이해해야 한다.

※ [32~34] 다음을 읽고 글의 내용과 같은 것을 고르십시오. (각 2점)

32.
> 커피의 신맛을 의미하는 산미는 한마디로 정의하기 어렵다. 산미는 커피의 풍미를 향상시키는 역할을 하는데 다양한 형태로 나타나기 때문이다. 보통 산미가 강하면 시큼한 맛이 나고 약하면 부드럽고 고소하다. 커피의 산미는 커피 원두, 재배 환경, 가공 과정 등에 따라 달라진다. 고도가 높으면 산미가 뚜렷하게 나타나고 기온이 낮고 강수량이 많으면 산미가 풍부해진다.

① 커피의 산미는 커피 맛을 향상시킨다.
② 커피의 산미가 강하면 부드럽고 고소한 맛이 난다.
③ 높은 곳에서 재배되는 커피는 산미가 약한 편이다.
④ 커피 원두가 같으면 가공 과정이 달라도 산미는 동일하다.

5 설명문의 내용 파악하기 【토픽 II 읽기 33번 문제】

- ▶ 글의 세부적인 내용을 파악하는 문제이다.
- ▶ 문장을 꼼꼼하게 읽어 내용을 정확하게 이해해야 한다.

※ [32~34] 다음을 읽고 글의 내용과 같은 것을 고르십시오. (각 2점)

33.
> 신약을 개발할 때 동물을 대상으로 유효성과 독성을 확인하는 단계를 거친다. 이 단계를 통과하게 되면 임상시험 허가 신청을 한다. 임상시험 승인이 나면 사람을 대상으로 임상시험을 진행한다. 엄격한 임상시험 단계를 통과한 후 의약품으로 판매할 수 있는 판매 허가를 받아야 판매가 가능하다. 현재까지도 많은 제약 회사에서 신약을 개발하고 있으나 성공률은 그리 높지 않다.

① 최근에는 신약 개발에 성공하는 제약 회사가 많이 증가했다.
② 임상시험을 모두 통과하면 바로 의약품으로 판매가 가능하다.
③ 신약을 개발할 때 사람을 대상으로 하는 임상시험은 선택 사항이다.
④ 임상시험 허가 승인이 나야 사람을 대상으로 임상시험을 할 수 있다.

5 설명문의 내용 파악하기 【토픽Ⅱ 읽기 34번 문제】

▶ 글의 세부적인 내용을 파악하는 문제이다.
▶ 어휘의 수준이 높으므로 문장을 꼼꼼하게 읽어 정확하게 이해해야 한다.

※ [32~34] 다음을 읽고 글의 내용과 같은 것을 고르십시오. (각 2점)

34.
> 집착형 불안정 애착은 다른 사람에게 지나치게 의존하고 집착하는 성향을 보인다. 대부분 초기 양육 환경에 의해 이러한 불안정 애착이 형성된다. 집착형 불안정 애착은 상대방과의 관계 중심적인 성향이 강하므로 특별하지 않은 상대방의 행동에도 과도하게 의미를 부여하거나 상대방을 의심하고 눈치를 보며 불안해한다. 개인의 상황에 따라 맞춤형 치료가 필요하며 방치해 두면 증상이 심해지므로 초기에 전문가의 치료를 받는 것이 좋다.

① 집착형 불안정 애착은 부모의 양육 방법과 관련이 없다.
② 집착형 불안정 애착은 성인이 되면 자연스럽게 해결된다.
③ 집착형 불안정 애착이 있는 사람은 타인에게 관심이 없다.
④ 집착형 불안정 애착의 치료 방법은 개인의 상황에 따라 다르다.

5 설명문의 내용 파악하기 【토픽 II 읽기 46번 문제】

▶ 신문 사설 형식의 글을 읽고 필자의 태도를 찾는 문제이다.
▶ 전체적인 내용을 정확하게 이해하여 필자의 태도를 파악해야 한다.

※ [46~47] 다음을 읽고 물음에 답하십시오. (각 2점)

올림픽이나 아시안 게임 등에서 메달을 딴 스포츠 선수는 병역 특례 대상자가 된다. 그러나 대중 예술인은 병역 특례 대상자가 아니다. 세계적으로 인기를 끌고 있는 대중 가수의 팬들을 중심으로 대중 예술인들도 병역 특례 대상자가 되어야 한다고 주장하고 있다. 한국을 넘어 세계적인 인기를 끌고 있는 월드 스타들도 각종 메달을 딴 스포츠 선수들만큼 국위를 선양하고 한국의 인지도를 높인 점 등을 그 이유로 꼽고 있다. 그러나 대중 예술인은 나라의 명예나 국익을 위해서 활동하는 것이 아니라 개인의 영리나 인기를 위해서 활동한다. 해외에서 인기가 있는 스포츠 선수에게 병역 특례를 주는 것이 아니라 국가를 대표하여 출전한 대회에서 메달을 딴 선수에게 병역 특례를 주는 이유이기도 하다. 그러므로 대중 예술인들이 한국을 알리고 한국의 인지도를 높인 공은 인정하지만 병역 특례 대상자가 되어야 하는 것은 아니다.

46. 윗글에 나타난 필자의 태도로 가장 알맞은 것을 고르십시오.
① 병역 특례 대상자의 기준 선정이 필요함을 강조하고 있다.
② 스포츠 선수들의 병역 특례에 대해서 반대 의견을 제시하고 있다.
③ 대중 예술인들이 병역 특례 대상자가 될 수 없음을 주장하고 있다.
④ 국위를 선양한 스포츠 선수들과 대중 예술인들에게 감사를 표하고 있다.

• 47번 문제는 [유형 4] **7**에 있습니다.

6 소설의 내용 파악하기 【토픽Ⅱ 읽기 42번 문제】

▶ 소설의 일부를 읽고 인물의 심정을 찾는 문제이다.
▶ 전체적인 내용을 이해하여 인물이 느끼는 감정을 파악해야 한다.

※ [42~43] 다음을 읽고 물음에 답하십시오. (각 2점)

> 환갑을 맞이하는 기준은 태어나면서부터 청각 장애를 앓았다. 장애인이 살아가기에 쉽지 않은 세상을 견뎌 내며 취직도 하고 결혼도 했다. 기준은 가족들에게 특히 자식들에게 아주 엄격했다. 본인의 결핍으로 인해 자식들이 다른 사람들에게 무시당할까 하는 걱정 때문이었다. (중략) 다행스럽게 기준의 자녀들은 남의 손을 빌리지 않고 생활할 수 있을 정도로 성장했다. 오늘은 자식들이 준비한 기준의 환갑잔치가 열렸다. 평소에는 자식들에게 미소도 아끼며 무뚝뚝하게 대했지만 오늘은 입가에 번져 나오는 미소를 숨길 수가 없었다. (중략)
> "아버지, 환갑 축하드려요. 지금처럼 늘 건강하세요."
> "……"
> 기준은 한동안 아무 움직임도 없더니 떨리는 손으로 수화를 시작했다.
> "아버지가 장애인이라서 너희들이 많이 힘들었을 거야. 다른 부모처럼 넉넉하게 키우지도 못했는데 이렇게 잘 자라줘서 고맙다."
> 장애인으로 평생을 살아야 했던 아픔과 슬픔이 눈 녹듯 사라지며 기준은 자신도 모르게 <u>뜨거운 눈물이 흘러내렸다.</u>

42. 밑줄 친 부분에 나타난 '기준'의 심정으로 가장 알맞은 것을 고르십시오.
① 담담하다
② 안타깝다
③ 걱정스럽다
④ 감격스럽다

6 소설의 내용 파악하기 【토픽 II 읽기 43번 문제】

▶ 소설의 일부를 읽고 내용을 파악하는 문제이다.
▶ 전체적인 글의 흐름을 정확하게 파악하는 것이 중요하다.

※ [42~43] 다음을 읽고 물음에 답하십시오. (각 2점)

올해 서른이 되는 수철은 어렸을 때부터 몸이 약하고 체격이 작아서 아이들의 놀림감이 되기 일쑤였다. 초등학교와 중학교 때 자신을 괴롭히는 친구들에게 반항도 해보고 선생님에게 도움을 요청하기도 했지만 변화는 없었다. (중략) 고등학교에 진학하면서 수철은 철저하게 자신을 숨기며 살기로 했다. 그때부터 그의 존재를 인식하는 사람은 그리 많지 않았다. 자신을 드러내는 행동을 거의 하지 않았기 때문이다. 다행히 공부를 잘해서 무난히 대학에 들어갔다. (중략) 대학을 졸업하고 수철은 재택근무가 가능한 직장을 선택했다. 수철은 집 밖으로 나가는 일이 거의 없었으며 이제는 자신의 방을 벗어나려고 하지도 않는다.
"수철아, 주말인데 나가서 친구들도 만나고 해. 왜 이렇게 방안에 틀어박혀 사니?"
"엄마, 제발 좀 저를 가만히 놔 두세요."
"왜 나가지 않는지 이유라도 말을 해야 할 거 아니야?"
"꼭 말로 설명해야 돼요?"
더 이상 엄마의 잔소리를 견딜 수 없는 수철은 자신의 방문을 쾅 닫은 후 문을 잠가 버렸다. 밖에서 들려 오는 엄마의 한숨 소리가 오늘따라 더 크게 들린다.

43. 윗글의 내용으로 알 수 있는 것을 고르십시오.
   ① 수철은 친구들이 무서워서 반항도 못했다.
   ② 수철은 공부를 못해서 친구들에게 괴롭힘을 당했다.
   ③ 수철은 취업에 실패한 후 집에서 생활하기 시작했다.
   ④ 수철은 고등학교 때부터 자신을 드러내지 않고 생활했다.

7 칼럼의 내용 파악하기 【토픽Ⅱ 읽기 47번 문제】

- ▶ 신문 사설 형식의 글을 읽고 내용을 파악하는 문제이다.
- ▶ 전체적인 내용 이해와 함께 세부적인 내용을 구체적으로 파악해야 한다.

※ [46~47] 다음을 읽고 물음에 답하십시오. (각 2점)

> 다이아몬드는 가장 아름다운 보석으로 꼽히며 오랜 기간 동안 많은 여성들의 사랑을 받아왔다. 사실 천연 다이아몬드는 땅속 깊은 곳에서 수억 년 동안 열과 압력에 의해 만들어진 탄소 덩어리이다. 다이아몬드가 뿜어내는 아름다운 빛과 희소성으로 고가임에도 불구하고 인기가 높은 보석이다. 이제는 이러한 다이아몬드를 연구실에서 생산을 하고 있다. 인공 다이아몬드는 연구실에서 천연 다이아몬드가 만들어지는 과정을 그대로 구현하여 제작하고 있다. 인공 다이아몬드는 천연 다이아몬드와 육안으로 구별하기 힘든 정도가 아니라 현미경으로 관찰해도 구별이 쉽지 않을 만큼 제조 기술이 발전했다. 게다가 인공 다이아몬드도 천연 다이아몬드와 동일한 감정 기준으로 감정서를 발급받을 수 있다. 그러나 가격은 천연 다이아몬드에 비해 30~70% 정도 저렴한 수준이다. 인공 다이아몬드는 천연 다이아몬드와 달리 채굴 과정에서 일어나는 노동력 착취나 환경오염 문제가 없으므로 굳이 마다할 이유가 없을 것이다.

47. 윗글의 내용과 같은 것을 고르십시오.
① 다이아몬드는 탄소 덩어리로 만들어진 보석이다.
② 인공 다이아몬드는 천연 다이아몬드와 감정 기준이 다르다.
③ 천연 다이아몬드와 인공 다이아몬드는 쉽게 구별할 수 있다.
④ 인공 다이아몬드 제작은 노동력 착취와 환경오염 문제를 일으킨다.

7 칼럼의 내용 파악하기 【토픽 II 읽기 50번 문제】

- ▶ 글의 내용을 정확하게 파악했는지 확인하는 문제이다.
- ▶ 전체적인 내용과 함께 세부적인 내용을 정확하게 파악하는 것이 중요하다.

※ [48~50] 다음을 읽고 물음에 답하십시오. (각 2점)

> 벼락을 맞을 확률보다 복권에 당첨될 확률이 낮다는 표현처럼 사실 복권에 당첨되는 것은 확률적으로 아주 낮다. 그럼에도 불구하고 많은 사람들이 복권을 사는 이유는 무엇일까? 그것은 당첨에 대한 기대심리 때문이다. 당첨금액이 높을수록 사람들의 기대심리는 높아지면서 판매율도 증가한다. 한 번만 당첨되면 엄청난 이익을 얻게 된다는 기대심리가 복권을 구매하게 만든다. 이처럼 복권은 사행심을 조장하고 일확천금을 노리게 되는 문제를 안고 있다. 자신의 노력으로 인한 결과보다는 운에 의한 한탕을 꿈꾸게 되므로 복권 구입에 대해 부정적으로 보는 사람들이 많다. 그러나 복권 판매로 인한 수익금은 저소득층이나 소외 계층을 위해 사용되는 사회적, 경제적 순기능이 있다. 게다가 적은 금액으로 당첨을 꿈꾸며 일주일의 소소한 행복을 누릴 수도 있다. 복권이 사행심을 전제로 하고 있다는 것은 부인할 수 없는 사실이지만 사행성과 공공성의 균형을 잘 잡는다면 우리의 삶을 풍요롭게 만드는 하나의 수단이 될 것이다.

50. 윗글의 내용과 같은 것을 고르십시오.
① 복권은 저소득층이나 소외 계층에서 구매를 많이 한다.
② 복권 당첨에 대한 기대심리 때문에 사람들은 복권을 구입한다.
③ 복권 당첨금이 낮을수록 당첨 확률이 높아서 판매율이 증가한다.
④ 복권 판매의 수익금을 제대로 관리하지 않아서 사회적으로 문제가 되고 있다.

유형 ④ B

1 안내문의 내용 파악하기 【토픽Ⅱ 읽기 9번 문제】

- ▶ 안내문을 정확하게 이해하는 문제이다.
- ▶ 안내문은 문맥의 내용보다는 주요 어휘를 정확하게 이해하는 것이 중요하다.

※ [9~12] 다음 글 또는 그래프의 내용과 같은 것을 고르십시오. (각 2점)

9.
> **추가 소독 안내**
>
> ■ 일시 : 9월 10일 월요일 9:00 ~ 12:00
> ■ 해당 세대 : 정기 소독을 받지 않은 세대 중 추가 소독을 신청한 세대
> ■ 신청 기간 : 9월 1일 ~ 9월 5일(5일간)
>   ※ 소독은 고층에서 저층 순으로 진행됩니다.
>   ※ 추가 소독을 원하는 세대는 9월 5일까지 신청하십시오.
> ■ 문의 전화 : 관리실 031-123-4567

① 추가 소독은 5일 동안 진행된다.
② 추가 소독은 아래층 세대부터 진행된다.
③ 추가 소독은 미리 신청해야 받을 수 있다.
④ 추가 소독에 대한 문의는 소독 회사로 해야 한다.

2 그래프의 내용 파악하기 【토픽Ⅱ 읽기 10번 문제】

전략
> ▶ 그래프를 보고 내용을 파악하는 문제이다.
> ▶ 그래프의 제목을 먼저 확인하여 무엇에 대한 그래프인지 이해한다.
> ▶ 어휘를 정확하게 이해해야 그래프의 내용을 알 수 있다.

※ [9~12] 다음 글 또는 그래프의 내용과 같은 것을 고르십시오. (각 2점)

10.

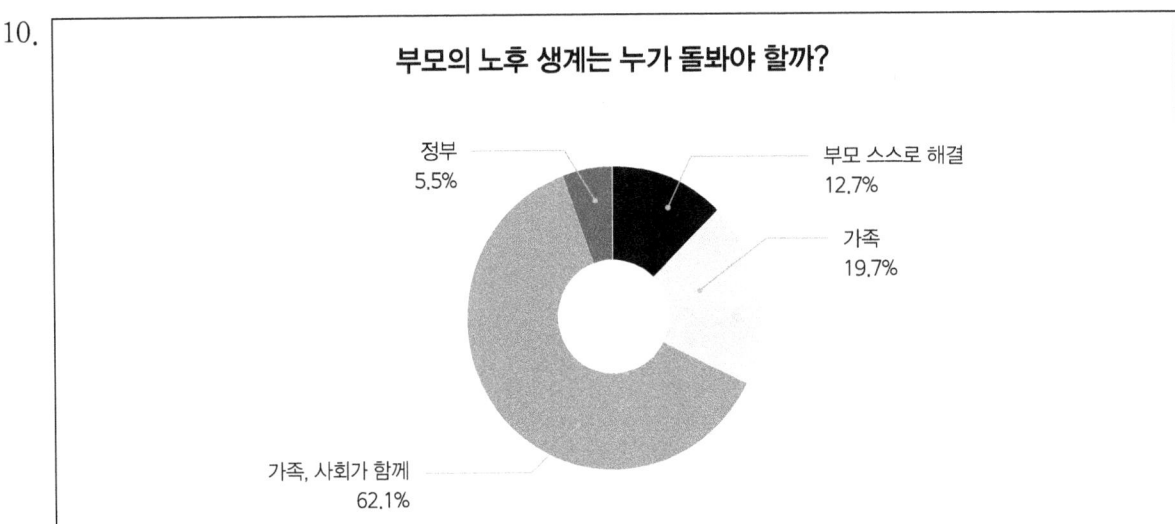

① 절반 이상이 정부가 책임을 져야 한다고 생각한다.
② 부모가 스스로를 부양해야 한다는 의견이 제일 많다.
③ 가족이 부모를 돌봐야 한다는 의견이 가장 소수이다.
④ 가족과 사회가 부모를 부양해야 한다는 의견이 가장 다수이다.

3 기사의 내용 파악하기 【토픽Ⅱ 읽기 11번 문제】

▶ 기사 형식의 글에 대한 구체적인 내용을 확인하는 문제이다.
▶ 글의 내용과 비교하면서 문제를 푸는 것이 좋다.

※ [9~12] 다음 글 또는 그래프의 내용과 같은 것을 고르십시오. (각 2점)

11.
> 인주시 소방서가 지난 30일 전기차 화재 현장에서 차량 안에 갇혀 있던 운전자를 구조한 시민 5명에게 '용감한 시민상'을 수여했다. 이들 시민 5명은 화재가 난 전기차를 목격하고 즉시 119에 신고한 뒤 주변에 있는 소화기를 활용해 초기 진화에 나섰으며 이어서 신속하게 차량 문을 열고 운전자를 안전하게 구조한 후에 현장을 떠났다.

① 소방대원이 화재 현장에서 운전자를 구조했다.
② 화재 현장에서 도움을 준 사람들이 상을 받았다.
③ 시민 5명이 소화기로 불을 끈 후에 119에 신고했다.
④ 화재가 발생한 차량의 운전자가 현장에서 사망했다.

3 기사의 내용 파악하기 【토픽Ⅱ 읽기 12번 문제】

▶ 기사 형식의 글에 대한 구체적인 내용을 확인하는 문제이다.
▶ 글의 내용과 비교하면서 문제를 푸는 것이 좋다.

※ [9~12] 다음 글 또는 그래프의 내용과 같은 것을 고르십시오. (각 2점)

12.
> 벚꽃이 주말 사이 절정에 이르면서 전국 각지에서 봄꽃 축제가 열리고 있다. 인주시는 올해도 봄 축제를 진행해 일대를 온통 하얗게 장식하고 있는 수천 그루의 벚꽃을 구경하러 나온 시민들을 반겼다. 비교적 낮고 넓은 산지형 공원으로 벚꽃길이 장관을 이루고 있는 이곳에는 문화재와 카페 거리 등 볼거리도 다양해 해마다 많은 인파가 몰린다. 인주시 벚꽃길은 '전국의 걷기 좋은 길'에 선정됐다.

① 인주시에서 처음으로 봄꽃 축제를 열었다.
② 인주시에 벚꽃을 구경하려는 인파가 몰렸다.
③ 인주시에서 주말 사이에 걷기 대회가 있었다.
④ 인주시에서 시작한 봄꽃 축제가 전국으로 퍼졌다.

3 기사의 내용 파악하기 【토픽Ⅱ 읽기 22번 문제】

▶ 기사 형식의 글에 대한 구체적인 내용을 확인하는 문제이다.
▶ 글의 내용과 비교하면서 문제를 푸는 것이 좋다.

※ [21~22] 다음을 읽고 물음에 답하시오. (각 2점)

> 보건 당국이 그동안 손을 놓고 있던 약물 남용 문제를 알리고 도움을 요청하는 방법에 대해 적극적인 홍보에 나섰다. 약물 남용자들은 자신의 문제를 부정하고 약물 사용을 합리화하기 때문에 객관적인 시각으로 자신의 행동을 바라볼 수 없다. 그러므로 가족이나 지인 등 주변의 도움이 필수적이다. 보건복지부는 상시 상담이 가능한 연락망을 구축하고 서비스에 들어간다고 밝혔다.

22. 윗글의 내용과 같은 것을 고르십시오.

① 약물 남용자들은 자신의 문제를 객관적으로 보고 있다.
② 약물 남용과 관련된 문제는 24시간 상담을 받을 수 있다.
③ 약물 남용 문제의 해결을 위해서 보건 당국이 노력해 왔다.
④ 약물 남용에 대해서 가족이나 지인만 도움을 요청할 수 있다.

4 수필의 내용 파악하기 【토픽Ⅱ 읽기 23번 문제】

▶ 수필에 나오는 등장인물의 감정, 기분 등을 파악하는 문제이다.
▶ 등장인물이 처해 있는 상황을 정확하게 이해해야 한다.

※ [23~24] 다음을 읽고 물음에 답하십시오. (각 2점)

> 아침부터 푹푹 찌는 걸 보니 오늘도 비가 오긴 다 틀린 것 같다. 여느 때처럼 무심히 뉴스 끝에 시작된 일기예보를 들었다. 우리나라가 고기압권 내에 있어서 메마르고 무더운 날씨가 한동안 계속될 거라는 설명이다. <u>난 절로 한숨이 나왔다.</u> 비를 기다리는 많은 이들의 바람을 아는지 모르는지 벌써 한 달째 하늘에서 비 한 방울 오지 않으니 모두가 죽을 맛이다. 농작물은 삶을 포기한 사람처럼 늘어져 있고 사람들은 온통 신경이 날카로워져서 짜증도 잘 내고 작은 일에 다툼도 잦아졌다. 길거리엔 개미 새끼 한 마리도 볼 수 없다. 이런 불볕더위가 며칠만 더 지속되면 식수마저 비상일 거란다. 어쩜 이렇게 자연은 인간에게 가혹한 것일까? 언제나 적당히라는 게 없는 것 같다. 그 불편했던 장마가 그리워지기까지 한다. 이제 누군가 나서서 기우제라도 지내야 하는 게 아닐까?

23. 밑줄 친 부분에 나타난 '나'의 심정으로 가장 알맞은 것을 고르십시오.
① 즐겁고 자유스럽다
② 아쉽고 실망스럽다
③ 고맙고 죄송스럽다
④ 미안하고 후회스럽다

4 수필의 내용 파악하기 【토픽Ⅱ 읽기 24번 문제】

▶ 수필 형식의 글을 파악하는 문제이다.
▶ 전체의 내용과 함께 세부적인 내용을 정확하게 이해해야 한다.

※ [23~24] 다음을 읽고 물음에 답하십시오. (각 2점)

> 　오늘은 구청장배 축구대회가 있는 날이다. 난 밤새 뒤척이며 잠을 설쳤다. 중고등학교 시절 체육 시간만 되면 머리가 아프다거나 속이 울렁거린다며 온갖 핑계를 대고 교실에 남아서 환자 흉내를 내던 내가 지금은 축구동아리에서 열심히 뛰고 있다. 친구들은 운동의 '운' 자도 모르던 애가 어떻게 된 거냐며 사람이 변하면 오래 못 산다는 농담까지 했다. 이런 친구들의 반응은 너무나 당연했다. 난 운동장에서 땀을 뻘뻘 흘리며 뛰는 사람들을 보면 이해가 안 갔다. 같은 행동을 반복하며 단순하기 짝이 없는 경기에 함성을 지르고 울고 웃는 사람들을 보면서 바보 같다는 생각을 한 적도 있었다. 그러던 내가 지인의 권유에 이끌려 마지못해 축구동아리에 가입했는데 이제는 회원들 중 둘째가라면 서러워할 정도로 적극적인 회원이 되었다. 우리 팀이 좋은 성적을 거둘 수 있도록 최선을 다해서 뛸 생각이다.

24. 윗글의 내용과 같은 것을 고르십시오.
　① 나는 학생 시절부터 운동을 좋아했다.
　② 나는 오늘 축구대회에 선수로 참가한다.
　③ 나는 축구를 좋아해서 축구동아리에 가입했다.
　④ 나는 언제나 운동하는 친구들을 보며 응원했다.

5 설명문의 내용 파악하기 【토픽Ⅱ 읽기 32번 문제】

▶ 글의 세부적인 내용을 파악하는 문제이다.
▶ 문장을 꼼꼼하게 읽어 내용을 정확하게 이해해야 한다.

※ [32~34] 다음을 읽고 글의 내용과 같은 것을 고르십시오. (각 2점)

32.
> 철새는 계절에 따라 번식지와 월동지를 오가는 새를 말한다. 겨울 철새는 시베리아를 비롯한 북쪽 지역에서 번식을 하고 살다가 북쪽에 겨울이 오면 상대적으로 덜 추운 남쪽으로 이동해 겨울을 난다. 한반도를 찾는 겨울 철새는 물과 먹이가 풍부한 강변이나 습지에 둥지를 틀고 집단생활을 한다. 철새 도래지가 대부분 물을 끼고 있는 이유이다.

① 겨울 철새는 겨울에 북쪽 지역에서 번식을 한다.
② 철새는 번식하는 곳과 겨울을 나는 곳이 다르다.
③ 겨울 철새는 집단생활을 하기 위해서 이동을 한다.
④ 철새를 살리기 위해서는 물과 먹이를 제공해야 한다.

5 설명문의 내용 파악하기 【토픽Ⅱ 읽기 33번 문제】

▶ 글의 세부적인 내용을 파악하는 문제이다.
▶ 문장을 꼼꼼하게 읽어 내용을 정확하게 이해해야 한다.

※ [32~34] 다음을 읽고 글의 내용과 같은 것을 고르십시오. (각 2점)

33.
> 은행나무는 대표적인 살아 있는 화석이다. 오랜 기간에 걸친 화석 기록들은 현재의 살아 있는 은행나무와 비교해서 큰 차이가 없다. 은행나무 잎사귀의 형태가 변함이 없고 탄소를 흡수하고 물의 증산을 조절하는 기능도 거의 그대로 유지되어 오고 있다. 은행나무와 같은 살아 있는 화석은 대량 멸종의 위기 속에서 살아남은 생물로 진화의 과정에 대한 중요한 단서가 된다.

① 은행나무는 멸종 위기에 놓여 있는 식물이다.
② 은행나무는 현재 가장 오래된 화석으로 남아 있다.
③ 은행나무는 진화 과정을 설명할 수 있는 증거이다.
④ 은행나무는 오랜 기간에 걸쳐 기능이 크게 변했다.

5 설명문의 내용 파악하기 【토픽 II 읽기 34번 문제】

- 글의 세부적인 내용을 파악하는 문제이다.
- 어휘의 수준이 높으므로 문장을 꼼꼼하게 읽어 정확하게 이해해야 한다.

※ [32~34] 다음을 읽고 글의 내용과 같은 것을 고르십시오. (각 2점)

34.
> 한지는 한국의 전통 방식으로 제조한 종이로 닥나무를 사용해서 만든다. 한지가 언제부터 사용되었는지에 대한 구체적인 증거는 없지만 일반적으로 중국의 제지 기술이 교류를 통해서 한반도로 유입되었다고 본다. 한지는 닥나무를 말리고 삶아서 만드는데 내구성이 매우 강해서 천 년 이상 된 고문서들도 아주 좋은 보존 상태로 발굴되고 있다. 이러한 특성 때문에 종이로 만들어진 문화재를 복원하는 데 한지가 이용된다.

① 한지가 사용되기 시작한 시기가 밝혀졌다.
② 한지는 오랫동안 보존할 수 있는 재료이다.
③ 한지는 중국에서 만들어진 종이를 가리킨다.
④ 한지를 사용해서 모든 문화재를 복원할 수 있다.

5 설명문의 내용 파악하기 【토픽Ⅱ 읽기 46번 문제】

▶ 신문 사설 형식의 글을 읽고 필자의 태도를 찾는 문제이다.
▶ 전체적인 내용을 정확하게 이해하여 필자의 태도를 파악해야 한다.

※ [46~47] 다음을 읽고 물음에 답하시오. (각 2점)

> 좋은 음식으로 건강을 다스려 병을 예방하고 치료하는 '식치'에 대한 관심이 높다. 전 세계를 공포로 몰아넣은 전염병이 여러 차례 돌면서 미리 좋은 음식으로 면역력을 높여 대비하자는 건강관리 방법이다. 예전 왕실에서는 왕의 무병장수를 위해 노력했는데 일단 병이 나면 식치를 먼저 하고 실패했을 때 약을 썼다고 한다. 식치는 평소에 좋은 식재료로 면역력을 키우는 예방의학에서 나아가 질병을 치료하는 데에도 사용된 처방의학이다. 현대인들의 식생활은 건강을 위협하고 있다. 시간을 핑계로 쉽게 허기를 채울 수 있는 식품을 찾고 입을 즐겁게 하는 화학조미료나 가공식품의 유혹에 넘어간다. 하지만 건강하게 장수하는 것을 추구한다면 자연에서 구할 수 있는 식재료를 활용해 건강한 맛과 효능을 지닌 음식을 만들어 먹어야 한다. '음식으로 고치지 못하는 병은 약으로도 치료할 수 없다', '음식이 보약이다'라는 말을 되새겨 봐야 할 때이다.

46. 윗글에 나타난 필자의 태도로 가장 알맞은 것을 고르십시오.
① 자연 재료로 만든 음식의 중요성을 강조하고 있다.
② 치료의학보다는 예방의학의 필요성을 주장하고 있다.
③ 음식으로 병을 치료할 수 있는 방법을 홍보하고 있다.
④ 현대인들의 바쁜 생활과 나쁜 식습관을 우려하고 있다.

• 47번 문제는 [유형 4] 7에 있습니다.

6 소설의 내용 파악하기 【토픽 II 읽기 42번 문제】

▶ 소설의 일부를 읽고 인물의 심정을 찾는 문제이다.
▶ 전체적인 내용을 이해하여 인물이 느끼는 감정을 파악해야 한다.

※ [42~43] 다음을 읽고 물음에 답하십시오. (각 2점)

> 지나는 어렸을 때부터 또래에 비해 체구가 작았다. 키가 작은 데다가 비쩍 말라서 몸집이 더 왜소해 보였기 때문에 사람들이 관심을 두지 않았다. 그래서 지나는 항상 기가 죽어 있었고 자신감이 없었다. (중략) 초등학교에 다닐 때에도 지나는 언제, 어디에 있건 눈에 띄지도 않았고 존재감도 없었다. 같은 반에서 공부한 아이들 중에는 지나의 이름조차 기억하지 못하는 사람이 태반이었다. 하지만 중학교에 진학하면서부터 지나는 달라지기 시작했다. 정확히 말하자면 1학년 담임 선생님, 김수경 선생님을 만나면서부터였다. (중략)
> "지나가 한번 해 볼래?"
> "정말 멋진데. 전국대회에 나가도 되겠다."
> 김 선생님은 존재감 없는 지나를 치켜세워 주며 칭찬하기가 일쑤였다. 나쁜 친구들이 지나를 둘러싸고 따돌릴 만한 분위기가 조성되면 김 선생님은 어김없이 나타나 지나를 불러 따로 심부름을 시켰다.
> "미안한데 선생님 좀 도와주겠니?"
> "<u>그럼요. 뭐든지 말씀하세요.</u>"
> 지나는 어깨를 으쓱거리며 교무실로 들어갔다. 김 선생님의 심부름은 심부름이 아니라 구원인 셈이었다. 김 선생님의 보호와 관심 덕분인지 중학생이 된 지나는 성적도 오르고 먼저 말을 걸어오는 친구도 생겼으며 표정도 나날이 밝아지고 있었다.

42. 밑줄 친 부분에 나타난 '지나'의 심정으로 가장 알맞은 것을 고르십시오.
① 창피스럽다
② 자랑스럽다
③ 실망스럽다
④ 짜증스럽다

6 소설의 내용 파악하기 【토픽Ⅱ 읽기 43번 문제】

▶ 소설의 일부를 읽고 내용을 파악하는 문제이다.
▶ 전체적인 글의 흐름을 정확하게 파악하는 것이 중요하다.

※ [42~43] 다음을 읽고 물음에 답하십시오. (각 2점)

> 준하는 손가락으로 앞머리를 밀어 올리며 부장에게로 갔다. 어디서부터 시작해야 좋을지 몰라서 머뭇거리다가 일단 부딪혀 보기로 한 것이다. (중략)
> "저, 부장님, 제가 휴직을 신청하려고 하는데요."
> "휴직이라니요? 무슨 일이 있어요?"
> 부장은 생각지도 못한 일이라는 듯이 눈을 크게 뜨고 준하를 올려다봤다.
> "어, 육아 휴직을 신청하려고 합니다. 저, 아무래도 제가 휴직을 하는 게 맞는 것 같아서요."
> 준하는 더듬거리며 말을 이어갔다.
> "아내와 많이 고민했는데 현재 급여도 저보다 아내가 더 많고 승진 기회도 있어서 제가 휴직을 하기로 했습니다."
> "아이는 엄마가 키우는 게 더 낫지 않을까요? 많이 고민했다니까 더 할 말은 없지만 준하 씨에게도 직장 생활이 중요하잖아요."
> 준하는 더 이상 아무 말도 하지 않았다. (중략)
> 육아 휴직 문제에 대해 생각할 만큼 이미 다 했기 때문에 부장의 불만 섞인 말에 이러니 저러니 대꾸하고 싶지 않았다. 휴직으로 경력이 단절되고 나서 재취업을 하는 게 여자들에게 얼마나 힘든 일인지 누이들을 보면서 알았기 때문에 준하는 아내에게 자신이 휴직을 하겠다고 흔쾌히 제안한 것이다.

43. 윗글의 내용으로 알 수 있는 것을 고르십시오.
① 준하는 육아와 휴직 문제로 아내와 다투었다.
② 준하는 아이를 키우기 위해서 휴직을 하려고 한다.
③ 준하는 아내보다 승진 기회도 많고 월급도 많이 받는다.
④ 준하는 아빠보다 엄마가 아이를 키우는 게 낫다고 생각한다.

7 칼럼의 내용 파악하기 【토픽 II 읽기 47번 문제】

- ▶ 신문 사설 형식의 글을 읽고 내용을 파악하는 문제이다.
- ▶ 전체적인 내용 이해와 함께 세부적인 내용을 구체적으로 파악해야 한다.

※ [46~47] 다음을 읽고 물음에 답하십시오. (각 2점)

> 운전자의 개입 없이 주변 환경을 인식하고 주행 상황을 판단해 차량을 제어함으로써 스스로 주어진 목적지까지 주행하는 자율주행자동차의 도입이 소비자들을 설레게 한다. 특정 상황에서 운전자가 필요했던 단계를 넘어서 이젠 운전자의 개입이 전혀 필요 없는 완전자율주행 단계를 바라보고 있다. 자율주행자동차가 상용화되면 전체 교통사고의 95%가량을 차지하는 운전자 부주의에 의한 교통사고와 보복운전을 줄일 수 있을 것으로 기대된다. 또한 인간 운전자를 완전히 대체하게 되면 교통정체가 감소하고 교통경찰과 자동차 보험이 필요 없어질 것이다. 사람들이 자동차를 직접 운전하는 일이 줄어들게 되어 자동차 절도나 대포차, 교통사고와 관련된 범죄도 감소할 것으로 예상된다. 해킹에 의한 사이버 공격을 우려하는 목소리도 있으나 자율주행차량의 상용화는 사회, 문화 등 생활 전반에 큰 변화를 가져올 것이다.

47. 윗글의 내용과 같은 것을 고르십시오.
   ① 자율주행자동차는 자동차 절도나 범죄에 취약하다.
   ② 자율주행자동차가 일반화되면 교통사고를 줄일 수 있다.
   ③ 현재 자율주행자동차의 운행에 운전자의 개입이 필요 없다.
   ④ 자율주행자동차가 상용화되면 사이버 범죄를 예방할 수 있다.

7 칼럼의 내용 파악하기 【토픽Ⅱ 읽기 50번 문제】

▶ 글의 내용을 정확하게 파악했는지 확인하는 문제이다.
▶ 전체적인 내용과 함께 세부적인 내용을 정확하게 파악하는 것이 중요하다.

※ [48~50] 다음을 읽고 물음에 답하십시오. (각 2점)

> 올림픽은 국제올림픽위원회의 주관하에 4년에 한 번 개최되는 전 세계 최대 규모의 종합 스포츠 축제이며 세계에서 가장 권위 있는 스포츠 대회이다. 스포츠를 통한 인간 육성과 세계 평화를 궁극적 목적으로 하며 하계대회와 동계대회를 개최한다. 선수들은 이 올림픽을 위해 4년을 노력하고 올림픽에 출전해서 메달을 따는 것을 목표로 한다. 각 종목의 메달 수상자에게는 큰 명예가 주어지며 자국에서는 영웅 대우를 받는다. 세계의 수많은 도시들은 도시 홍보와 지역 경제의 활성화를 위해서 올림픽 유치에 전력을 쏟는다. 올림픽을 유치하게 되면 사람들이 듣도 보도 못한 도시가 전 세계에 알려지고 그 도시의 브랜드 가치가 상승하기 때문이다. 그리고 올림픽은 과학기술의 발전을 체감할 수 있는 분야이기도 하다. 방송, 통신 분야의 많은 기술은 올림픽을 통해서 더욱 발전해 가고 널리 보급되었다. 최근 일각에서는 올림픽이 급격히 상업화되고 있다며 우려하고 있지만 한편에서는 상업성에 대한 제한이 많아서 올림픽을 운영하기가 어렵다는 목소리도 나오고 있다. 상업성을 극복하면서 올림픽의 정신을 계승할 수 있는 방안이 필요한 시점이다.

50. 윗글의 내용과 같은 것을 고르십시오.
① 올림픽을 유치하면 지역 경제의 활성화에 도움이 된다.
② 올림픽은 규모가 작지만 세계적으로 권위 있는 대회이다.
③ 올림픽을 통해서 선수들은 운동 종목을 홍보하려고 노력한다.
④ 올림픽이 급격히 상업화돼서 국제올림픽위원회가 우려하고 있다.

Reading Plus

※ 읽기 문제에서 나온 어휘를 익혀 보세요.

- 가공
- 가혹하다
- 갇히다
- 감소하다
- 감정
- 개입
- 거두다
- 결핍
- 계승하다
- 고도
- 고립되다
- 구조
- 구체적이다
- 구축하다
- 구현하다
- 권위
- 권유
- 균형
- 극복하다
- 기습적이다
- 끼다
- 날카롭다

- 남용
- 내구성
- 내심
- 노후
- 다스리다
- 단서
- 단절되다
- 단체 관람
- 당첨
- 대꾸하다
- 대상
- 대용
- 더듬거리다
- 도래
- 독성
- 되새기다
- 둥지
- 뒤척이다
- 뒷바라지하다
- 드러내다
- 따돌리다
- 떳떳하다

Reading Plus

- 막히다
- 머뭇거리다
- 메마르다
- 멸종
- 명예
- 목격하다
- 무난히
- 무심히
- 문의
- 바람
- 반기다
- 반항
- 발굴되다
- 방치하다
- 변식
- 병영
- 보급되다
- 복무
- 복원하다
- 부장하다
- 불가
- 불참

- 사행심
- 상용화하다
- 생계
- 선정
- 세대
- 소독
- 손색이 없다
- 수상자
- 수요
- 승인하다
- 애착
- 양육
- 엄격하다
- 엄청
- 업무
- 역대
- 역부족
- 연봉
- 영리
- 예매하다
- 왜소하다
- 요청하다

Reading Plus

- 용감하다
- 울렁거리다
- 월동
- 위협
- 유입되다
- 유치하다
- 유혹
- 육아
- 육안으로
- 인식하다
- 인파
- 일쑤이다
- 일확천금
- 입장
- 잠을 설치다
- 장관
- 장수하다
- 장식
- 잦아지다
- 재배
- 절정
- 정의하다

- 제설 작업
- 제어하다
- 제조
- 제조하다
- 조건
- 조장하다
- 조절하다
- 존재감
- 주목을 받다
- 증거
- 증산
- 지속
- 지치다
- 진입로
- 진화
- 집단
- 집착
- 차량
- 착취
- 처리
- 철저하다
- 청각

Reading Plus

- 체감하다
- 최연소
- 추가
- 출시하다
- 출전하다
- 치켜세우다
- 태반
- 통과하다
- 특례
- 평가
- 폭설
- 품귀
- 풍미
- 필수적
- 핑계
- 하염없이
- 한스럽다
- 함성
- 합리화
- 해결
- 해당
- 허가

- 현장
- 형성하다
- 홍보
- 화석
- 확률
- 흔쾌히
- 흡수하다
- 희소성

MEMO

MEMO

MEMO

정답 및 풀이

정답 및 풀이

유형 ❶ 알맞은 표현 찾기

[유형 ❶ A]

1 알맞은 연결어미 찾기

1. ④

풀이

① '_지만'은 앞 문장과 뒤 문장이 반대되는 내용일 때 사용한다. 예를 들면 '학생식당 음식은 값은 싸지만 별로 맛이 없어요.' 등의 문장으로 사용한다.
② '_려고'는 앞 문장이 뒤 문장의 목적이 될 때 사용한다. 앞 문장과 뒤 문장의 주어가 동일해야 한다. 예를 들면 '저는 한국 회사에 취직하려고 한국말을 배우고 있어요.' 등의 문장으로 사용한다.
③ '_자마자'는 앞의 내용에 바로 이어 다음 일이 벌어질 때 사용한다. 예를 들면 '집에 도착하자마자 비가 내리기 시작했다.' 등의 문장으로 사용한다.
④ '_느라고'는 앞 문장이 뒤 문장의 원인이나 목적이 될 때 사용한다. 회사에 늦게 출근한 이유를 설명하는 문장이므로 뒤 문장의 이유를 설명하는 ④가 정답이다.

주요 표현

- 늦게
  [예문] 오늘 아침에 늦게 일어나서 수업에 지각했다.
  [확장] 늦다, 느리다
- 출근하다
  [예문] 요즘은 회사에 출근하지 않고 집에서 재택근무를 하는 사람들이 많다.
  [확장] 퇴근하다, 야근하다

2 알맞은 종결어미 찾기

2. ①

풀이

① '_어야겠어요'는 주어의 강한 의지를 표현하거나 추측을 할 때 사용한다. 예를 들면 '요즘 건강이 안 좋아졌어요. 운동을 시작해야겠어요.' 등의 문장으로 사용한다.
② '_면 안 되다'는 금지하거나 제한할 때 사용한다. 예를 들면 '여기에 주차하면 안 됩니다.' 등의 문장으로 사용한다.
③ '_줄 알다'는 어떤 것을 할 수 있는 능력이 있거나 방법을 알 때 사용한다. 예를 들면 '저는 간단한 한국 음식은 만들 줄 알아요.' 등의 문장으로 사용한다.
④ '_적이 있다'는 어떤 것을 한 경험이 있을 때 사용한다. 예를 들면 '마이클 씨를 만난 적이 있어요.' 등의 문장으로 사용한다.

주요 표현

- 밀리다
  [예문] 밀린 과제가 많아서 오늘 친구들 모임에는 안 가기로 했다.
  [확장] 주문이 밀리다, 월세가 밀리다
- 야근
  [예문] 회사에서 야근을 하면 야근 수당을 받는다.
  [확장] 야식, 야간

3 유사한 문법 표현 찾기

3. ①

풀이

① '공사 때문에'는 통행 금지의 원인을 설명하는 표현이다. '공사로 인해'의 의미도 통행 금지의 원인을 설명하는 것이므로 ①이 정답이다.
② '공사 대신에'는 공사를 하지 않고 다른 것을 할 때 사용하는 표현이다.
③ '공사를 하느라고'는 공사를 했기 때문에 다른 것을 하지 못했을 때 사용하는 표현이다.
④ '공사를 하는 날엔'은 만약 공사를 하게 되면 다른 문제가 생길 때 사용하는 표현이다.

참고

'_로 인해'는 원인이나 이유를 설명할 때 사용한다. 예를 들어 '기상 악화로 인해 비행기 도착이 지연되고 있습니다.' 등의 문장으로 사용한다.

주요 표현

- 공사
  예문 아파트 근처에서 도로 공사를 하고 있어서 소음이 심하다.
  확장 공사 중, 공사 현장
- 통행
  예문 고속도로를 이용하면 통행료를 내야 한다.
  확장 일방 통행, 통행 금지
- 금지
  예문 여기는 주차 금지 구역입니다. 차량을 이동해 주십시오.
  확장 촬영 금지, 사용 금지

4 유사한 종결어미 찾기

4. ②

풀이

① '달라질 수 있다'는 달라질 가능성이 있다는 의미이다.
② '달라지는 법이다'는 달라지는 것이 당연하다는 의미이다. '달라지기 마련이다'도 달라지는 것이 당연하다는 의미이므로 ②가 정답이다.
③ '달라질 리가 없다'는 달라질 가능성이 전혀 없다는 의미이다.
④ '달라졌는지 모른다'는 달라졌는지를 알 수 없다는 의미이다.

주요 표현

- 바뀌다
  예문 여러 번 말씀드렸지만 부모님의 생각은 바뀌지 않았다.
  확장 계절이 바뀌다, 바꾸다
- 행동
  예문 영수는 말과 행동이 일치하지 않아서 믿음이 가지 않는다.
  확장 행동을 조심하다, 행동하다
- 달라지다
  예문 옛날과 비교해 보면 달라진 풍습과 문화가 많다.
  확장 시대가 달라지다, 분위기가 달라지다

5 문장성분 찾기

19. ③

풀이

① '오직'은 다른 것은 있을 수 없고 하나만 있을 때 사용한다. 예를 들어 '내가 믿을 수 있는 사람은 오직 너뿐이다.'의 문장으로 사용한다.
② '겨우'는 어렵고 힘들게 하거나 생각보다 적을 때 사용한다. 예를 들어 '너무 피곤해서 겨우 세수만 하고 잤다.', '여행을 가는데 겨우 5만 원밖에 주지 않는 거야?'의 문장으로 사용한다.
③ '무려'는 예상보다 꽤 많거나 클 때 사용한다. 예를 들어 '어제 콘서트에 관객이 무려 2만 명이나 왔다.'의 문장으로 사용한다.
④ '오히려'는 기대와 반대의 상황이 생길 때 사용한다. 예를 들어 '엄마를 도와드리려고 한 것이 오히려 방해가 되었다.'의 문장으로 사용한다.

주요 표현

- 용기
  예문 요즘 화장품 용기는 독특한 디자인이 많아 눈길을 끈다.
  확장 포장 용기, 밀폐 용기
- 급증하다
  예문 세계적인 경세 불황으로 젊은 세대들의 실업률이 급증하고 있다.
  확장 급등하다, 급감하다
- 재활용
  예문 일반 쓰레기와 재활용 쓰레기를 분리해서 배출해야 합니다.
  확장 재활용하다, 재활용품
- 대체
  예문 버스기사들이 파업을 하자 정부는 대체 인력을 파견했다.
  확장 대체 불가, 대체 공휴일
- 시급하다
  예문 생존자를 구출하기 위해서 지진 피해 지역에 인력 지원이 시급합니다.
  확장 시급히, 시급한 문제

6 관용 표현 찾기

21. ①

풀이

① '눈에 띄게'는 두드러지게 보일 때 사용하는 표현이다. 백화점이 두드러지게 달라진 것을 설명하고 있다.
② '눈이 뒤집히게'는 충격적인 일을 당해서 이성을 잃게 되는 상황에서 사용하는 표현이다.
③ '눈코 뜰 새 없이'는 아주 바쁠 때 사용하는 표현이다.
④ '눈 깜짝할 사이에'는 시간이 아주 짧은 순간을 나타낼 때 사용하는 표현이다.

주요 표현

- 유치
  예문 다음 올림픽을 유치하기 위해서 정부가 노력하고 있다.
  확장 유치하다, 투자 유치
- 매출
  예문 경기가 좋지 않아서 우리 가게도 매출이 많이 줄었다.
  확장 매출액, 연 매출
- 핵심
  예문 시간이 없으니까 핵심만 설명해 주십시오.
  확장 핵심을 찌르다, 핵심 기술
- 입점
  예문 아직 상가에 가게가 다 입점하지 않아서 썰렁하다.
  확장 입점하다, 신규 입점
- 경쟁
  예문 요즘은 경쟁에서 살아남아야 하는 오디션 프로그램이 많다.
  확장 경쟁력, 경쟁률
- 전략
  예문 여윳돈을 어떻게 해야 할지 몰라서 투자 전략에 대한 상담을 받기로 했다.
  확장 전략을 세우다, 판매 전략

7 맥락에 맞는 표현 찾기

16. ①

풀이

뒤에 나오는 내용은 내가 서 있는 계산대 줄이 줄어들지 않거나 시험에서 공부하지 않은 문제가 많이 나온다는 내용이다. 그러므로 유독 나만 운이 없다고 생각한다는 ①이 정답이다.

주요 표현

- 유독
  예문 여름에 피서를 가면 유독 나만 모기에 물려서 고생하곤 했다.
  확장 유난히, 두드러지게
- 불완전
  예문 인간은 모두 불완전한 존재라고 생각한다.
  확장 불완전하다, 완전하다
- 사고
  예문 책을 많이 읽어서 사고의 폭과 깊이를 키워야 한다.
  확장 사고방식, 사고력
- 오류
  예문 인주은행은 인터넷 접속 오류로 피해를 입은 사람들의 신고를 받고 있다.
  확장 오류를 범하다, 오류 해결
- 확률
  예문 확률적으로는 우리 팀의 승리가 예상되지만 결과는 누구도 알 수 없다.
  확장 확률이 높다, 당첨 확률

17. ②

풀이

가짜 뉴스가 사회에 미치는 영향을 무시할 수 없지만 가짜 뉴스를 판별할 수 있는 방법이 없다. 그리고 대중들은 믿고 싶은 대로 믿으려고 하기 때문에 가짜 뉴스가 확산되고 나면 진실을 밝히기가 어렵다는 내용이므로 ②가 정답이다.

주요 표현

- 대중
  예문 대중들을 위한 편의시설을 확충해서 살기 좋은 도시를 만들겠습니다.
  확장 대중교통, 대중매체
- 경향
  예문 9월에 실시되는 모의평가가 수능 출제 경향의 기준이 될 것 같습니다.
  확장 경향이 있다, 경향이 강하다
- 확산
  예문 수도권을 중심으로 한 부동산 가격 상승세가 전국으로 확산되고 있습니다.
  확장 확산하다, 전염병이 확산되다
- 무시
  예문 부장님은 내가 의견을 제시하면 늘 무시하는 경향이 있다.

확장 무시하다, 무시를 당하다
- 판단
예문 누가 옳고 그른지 판단하기가 쉽지 않다.
확장 판단 기준, 판단력
- 검증
예문 새로 나온 충전기가 초고속 충전이 가능하다고 해서 제가 직접 검증해 봤습니다.
확장 검증을 받다, 인사 검증

18. ②

풀이

빛을 따라 움직이는 오징어를 잡기 위해서 배에 조명을 설치해서 조명의 밝은 빛으로 오징어를 잡는다는 내용이므로 ②가 정답이다.

주요 표현

- 장관
예문 온 들판이 해바라기로 가득해 장관이다.
확장 장관이다, 장관을 이루다
- 이루다
예문 건물과 주변 환경이 완벽한 조화를 이루는 곳입니다.
확장 목표를 이루다, 꿈을 이루다
- 습성
예문 고양이는 높은 곳과 상자를 좋아하는 습성이 있다.
확장 습성이 있다, 동물의 습성
- 유인
예문 사람이 다니지 않는 한적한 곳으로 여성을 유인해 폭행한 범인이 잡혔다.
확장 유인하다, 유인되다

28. ①

풀이

한적했던 시골 마을이 드라마 배경으로 알려져 관광객들이 많이 찾아오면서 지역 주민과 갈등을 겪고 있다는 내용이므로 ①이 정답이다.

주요 표현

- 몸살을 앓다
예문 전 세계가 기후 변화로 몸살을 앓고 있다.
확장 감기 몸살을 앓다, 몸살이 나다
- 배경
예문 바다를 배경으로 사진을 찍었다.
확장 배경 음악, 배경 화면

- 주목
예문 새로 나온 휴대전화가 젊은 세대의 주목을 끌고 있다.
확장 주목하다, 주목을 받다
- 갈등
예문 어느 사회나 세대 차이로 인한 갈등은 존재한다.
확장 노사 갈등, 갈등을 겪다
- 대책
예문 학교 폭력 문제가 심각해지자 교육부에서 폭력을 예방하기 위한 대책을 마련했다.
확장 대책을 세우다, 대책 없다
- 마련
예문 간단한 다과가 마련되어 있으니 드시기 바랍니다.
확장 내 집 마련, 마련하다

29. ④

풀이

민간 환경보호 단체인 그린피스는 직접적이고 비폭력적으로 행동하기 때문에 자연환경을 위협하는 곳에 직접 가서 폭력을 사용하지 않고 항의한다는 내용이므로 ④가 정답이다.

주요 표현

- 민간
예문 국가나 정부에서 주도한 사업이 아니라 민간이 주도한 사업이다.
확장 민간 기업, 민간 투자
- 광범위
예문 올해 독감이 지역과 연령을 가리지 않고 광범위하게 확산되고 있습니다.
확장 광범위하다, 광범위하게
- 원칙
예문 법 앞에서는 누구도 예외가 없다는 기본 원칙을 지킨 것입니다.
확장 원칙주의, 원칙적
- 위협
예문 살해 위협을 당하고 있다는 신고가 들어와서 조사 중입니다.
확장 위협하다, 위협적
- 행위
예문 지나친 호객 행위는 불쾌감을 줄 수 있다.
확장 폭력 행위, 부정행위
- 폭력
예문 이유를 불문하고 폭력은 정당화될 수 없다.

확장 폭력적, 폭력배

30. ③

풀이

골프공이 골프 클럽에 맞아 표면이 울퉁불퉁해지고 거칠어지면서 더 멀리 날아가는 것을 알게 되었다는 내용이므로 ③이 정답이다.

주요 표현

- 표면
  예문 나무의 표면을 매끄럽게 하기 위해서 여러 번 작업을 했다.
  확장 지구 표면, 표면적
- 매끄럽다
  예문 이 화장품은 1회 사용으로도 피부가 촉촉하고 매끄러워집니다.
  확장 머릿결이 매끄럽다, 문장이 매끄럽다
- 파이다
  예문 어젯밤 폭우로 도로가 파인 곳이 많으니 주의해서 운전하십시오.
  확장 땅이 파이다, 파다
- 평평하다
  예문 옛날에는 지구는 둥글지 않고 평평하다고 생각했다.
  확장 바닥이 평평하다, 평평하게
- 저항
  예문 회사가 폐업한다고 하자 사원들이 온몸으로 저항했다.
  확장 저항하다, 저항 세력
- 분산
  예문 재산을 분산해서 관리하는 것이 합리적인 방법이다.
  확장 분산되다, 인구 분산

31. ②

풀이

반사회적 인격 장애는 공감력이 떨어져 타인에게 해가 되는 행동을 해도 후회를 하거나 죄책감을 느끼지 않는다는 내용이므로 ②가 정답이다.

주요 표현

- 반사회적
  예문 반사회적인 성격을 지닌 사람들이 사회적인 문제가 되고 있다.
  확장 반사회적 행동, 반사회적 성향
- 인격
  예문 아무리 능력이 뛰어나도 인격을 갖추고 있지 않으면 협업하기가 어렵습니다.
  확장 인격 모독, 다중 인격
- 장애
  예문 장애 등급에 따라 병원비가 차등 부과됩니다.
  확장 장애인, 장애가 되다
- 권리
  예문 장애인의 권리 보장을 위한 정책을 수립해 달라고 요구하고 있다.
  확장 권리와 의무, 권리가 있다
- 침해
  예문 외모에 대한 발언은 인권 침해에 해당될 수 있으니 자제해 주십시오.
  확장 침해하다, 사생활 침해
- 추구
  예문 인간은 누구나 행복을 추구할 권리가 있다.
  확장 추구하다, 영리 추구

44. ②

풀이

인공위성이라는 단어만 보면 우리의 생활과 관련이 없을 것으로 생각되지만 사실 네비게이션이나 인터넷 통신 등에 인공기술이 활용되고 있다는 내용이다.

주요 표현

- 여기다
  예문 저는 지금까지 교직을 천직으로 여기고 살아왔습니다.
  확장 소홀히 여기다, 중요하게 여기다
- 관측
  예문 한 달 동안 달의 변화를 관측한 결과를 기록하였다.
  확장 관측하다, 관측소
- 밀접
  예문 김영수는 이번 사건과 밀접하게 관련이 있는 인물로 밝혀졌다.
  확장 밀접하다, 밀접한
- 통신
  예문 산골로 들어가면 통신 상태가 좋지 않아서 휴대전화 연결이 잘 안된다.
  확장 통신 수단, 통신망
- 제어
  예문 브레이크가 고장이 나서 자동차가 제어되지 않는다.

[확장] 제어하다, 감정 제어

49. ①

[풀이]

인공지능 기술의 발달이 점점 발전하면서 인간이 만든 인공지능이 인간의 능력을 뛰어넘어 통제할 수 없는 상황이 올 수 있다는 경고의 문장이므로 ①이 정답이다.

[주요 표현]

- 인지
[예문] 원대한 꿈을 꾸는 것도 좋지만 현실을 인지하는 것도 필요하다.
[확장] 인지하다, 인지 능력
- 추론
[예문] 증거가 없는데 추론만으로 범인이라고 단정할 수는 없다.
[확장] 추론하다, 논리적인 추론
- 합성
[예문] 사진을 합성하여 재미있는 이미지를 만들어 냈다.
[확장] 합성하다, 합성 섬유
- 정교하다
[예문] 정교하게 그려서인지 실제처럼 느껴지는 그림이다.
[확장] 정교한 기술, 정교하게 만들다
- 식별
[예문] 위조지폐를 정교하게 만들어서 진짜와 식별하기가 힘들 정도이다.
[확장] 식별하다, 식별이 불가능하다
- 재현
[예문] 1950년대 서울 동네의 모습을 그대로 재현했다.
[확장] 재현하다, 재현되다
- 음해
[예문] 선거철이 되면 상대 후보를 음해하는 정보가 떠돌아다닌다.
[확장] 음해하다, 음해 공작

[유형 ❶ B]

1 알맞은 연결어미 찾기

1. ③

[풀이]

① '―거든'은 앞의 내용을 조건으로 뒤의 내용을 부탁하거나 제안할 때 사용한다. 예를 들면 '회의가 끝나거든 저에게 바로 알려 주세요.' 등의 문장으로 사용된다.
② '―던데'는 화자가 과거에 한 경험을 말할 때 사용한다. 예를 들면 '제주도가 아름답다던데 한번 가세요.' 등의 문장으로 사용된다.
③ '―도록'은 앞의 내용이 뒤의 내용의 목적이나 기준이 될 때 사용한다. 열심히 공부해야 하는 목적이 나타나야 하므로 ③이 정답이다.
④ '―다면'은 어떤 상황이나 내용을 가정하여 말할 때 사용한다. 예를 들면 '복권에 당첨된다면 세계 여행을 하고 싶어요.' 등의 문장으로 사용된다.

[주요 표현]

- 시험
[예문] 한국어능력시험을 보려면 사전에 신청해야 한다.
[확장] 시험을 보다, 시험을 치다
- 철저히
[예문] 오랫동안 집을 비워야 해서 문단속을 철저히 했다.
[확장] 철저히 수사하다, 철저하다
- 준비하다
[예문] 미래를 준비하기 위해서 오늘도 열심히 일을 한다.
[확장] 준비되다, 준비성

2 알맞은 종결어미 찾기

2. ②

[풀이]

① '―는답니다'는 상대방이 모르는 것을 알려 줄 때 사용한다. 예를 들면 '이곳은 경치가 아름다워서 신혼여행지로 유명하답니다.' 등의 문장으로 사용한다.
② '―을까 하다'는 1인칭 주어의 의지를 나타낼 때 사용한다. 예를 들면 '이번 프로젝트는 김 과장에게 맡길까 해요.' 등의 문장으로 사용한다.
③ '―을 만하다'는 어떤 행위를 해도 괜찮거나 그 정도의 가치가 있음을 나타낼 때 사용한다. 예를 들면 '외국인

이 들을 만한 강의가 있으면 추천해 주세요.' 등의 문장으로 사용한다.
④ '_곤 하다'는 어떤 기간 동안 같은 일이 여러 번 반복됨을 나타낼 때 사용한다. 예를 들면 '주말에 심심하면 혼자 영화를 보러 가곤 해요.' 등의 문장으로 사용한다.

주요 표현

• 휴가
[예문] 일주일 정도 휴가를 내서 시골에 있는 농장에서 지낼 예정이다.
[확장] 휴가를 받다, 휴가철

• 전통
[예문] 전통 음악, 전통 의상 등 옛것에 대한 관심이 높아지고 있다.
[확장] 전통을 지키다, 전통을 이어가다

3 유사한 문법 표현 찾기

3. ②

풀이

① '낭비해서라도'는 마지막 방법으로 낭비를 선택할 때 사용하는 표현이다.
② '낭비하다 보면'은 계속해서 낭비하면 그동안에 생기는 결과를 나타낼 때 사용하는 표현이다. '낭비하다가는'은 계속 낭비를 하면 생기는 결과를 나타내므로 ②가 정답이다.
③ '낭비하는 김에'는 낭비하는 기회를 이용해서 다른 일을 할 때 사용하는 표현이다.
④ '낭비하는가 하면'은 여러 가지 중에서 낭비하는 것을 예로 들 때 사용하는 표현이다.

주요 표현

• 낭비하다
[예문] 예산을 낭비하지 않기 위해서 꼼꼼하게 계획을 세웠다.
[확장] 낭비벽이 있다, 절약하다

• 후회
[예문] 이미 지나간 일은 후회해도 소용없다.
[확장] 후회가 되다, 후회스럽다

• 남다
[예문] 식사 후에 남은 음식을 포장해서 냉장고에 넣었다.
[확장] 나머지, 남기다

4 유사한 종결어미 찾기

4. ②

풀이

① '있을 뿐이다'는 있는 것 이외에 다른 것은 없다는 의미이다.
② '있을 것 같다'는 확실하지 않지만 있을 것으로 예상된다는 의미이다. '있으려나 보다'도 있을 것으로 추측된다는 의미이므로 ②가 정답이다.
③ '있다고들 한다'는 사람들이 있다고 얘기한다는 의미이다.
④ '있을 줄 몰랐다'는 있을 것으로 예상하지 못했다는 의미이다.

주요 표현

• 정부
[예문] 정부의 최고 책임자는 대통령이다.
[확장] 행정부, 정부 부처

• 중대
[예문] 중대 범죄에 대해서는 법을 강화하기로 했다.
[확장] 중대 사건, 중대 결정

• 발표
[예문] 서울시 발표에 따르면 다음 달부터 대중교통비가 인상된다고 한다.
[확장] 발표하다, 발표자

5 문장성분 찾기

19. ③

풀이

① '으레'는 지금까지의 경험으로 보아서 당연하고 틀림없을 때 사용한다. 예를 들어 '출퇴근 시간에는 으레 길이 막힌다.'의 문장으로 사용한다.
② '오로지'는 다른 어느 것도 아닌 그 한 가지만일 때 사용한다. 예를 들어 '오로지 자식의 행복을 위해서 살아오신 부모님께 감사드립니다.'의 문장으로 사용한다.
③ '반드시'는 어떠한 일이 틀림없이 꼭 생길 때 사용한다. 예를 들어 '모든 서류는 반드시 기일에 맞춰 제출하세요.'의 문장으로 사용한다.
④ '어쨌든'은 의견이나 상황 등이 어떻게 되어 있든지 상관없을 때 사용한다. 예를 들어 '평소에 친하지 않았지만 내 대신 야근을 해 줘서 어쨌든 고마웠다.'의 문장으로 사용한다.

주요 표현

- 앞다투다
  예문 대기업들이 유통 사업에 앞다퉈 뛰어들고 있다.
  확장 다투다, 경쟁적으로
- 출시
  예문 신제품의 출시를 앞두고 소비자들의 기대감이 높아지고 있다.
  확장 출시하다, 출시되다
- 가공
  예문 신선식품으로 통조림을 만드는 가공 기술이 향상되었다.
  확장 가공하다, 가공식품
- 의존
  예문 부모에 대한 지나친 의존은 성장기 아동에게 악영향을 줄 수 있다.
  확장 의존하다, 의존성
- 악화시키다
  예문 원화 가치의 하락이 국내의 경제 상황을 악화시킬 수 있다.
  확장 악화하다, 악화되다

6 관용 표현 찾기

21. ③

풀이

① '발목을 잡듯'은 어떤 일에 막혀서 벗어나지 못하는 상황에서 사용하는 표현이다.
② '찬물을 끼얹듯'은 잘 되어 가는 일에 뛰어들어 분위기를 망치는 상황에서 사용하는 표현이다.
③ '가뭄에 콩 나듯'은 어떤 일이나 물건이 많지 않고 드문드문 있는 상황에서 사용하는 표현이다. 남자 교사가 많지 않고 가끔 있다는 것을 설명하고 있다.
④ '눈에 불을 켜듯'은 어떤 일에 아주 욕심을 내거나 관심을 기울이는 상황에서 사용하는 표현이다.

주요 표현

- 편중
  예문 중요 시설의 대도시 편중이 지방 활성화에 방해가 되고 있다.
  확장 편중되다, 부의 편중
- 심화되다
  예문 빈부의 격차가 심화되면서 사회 문제가 발생했다.
  확장 심화하다, 심화 학습

- 불과하다
  예문 현재 상황에서 우주여행은 환상에 불과하다.
  확장 변명에 불과하다, 이론에 불과하다
- 우려하다
  예문 보건 당국은 전염병이 발생할 것을 우려하고 있다.
  확장 우려가 있다, 우려를 낳다
- 개선
  예문 양국은 협력 관계의 개선을 위해서 노력하고 있다.
  확장 개선하다, 개선책
- 검토
  예문 새로운 계획을 실행하기 위해서는 면밀한 검토가 필요하다.
  확장 검토하다, 검토되다
- 논란
  예문 양측의 견해 차이로 상당한 논란이 예상된다.
  확장 논란을 불러일으키다, 논란거리

7 맥락에 맞는 표현 찾기

16. ②

풀이

개미의 사회는 알을 낳는 여왕개미, 짝짓기를 하는 수개미, 일을 하는 일개미 등으로 역할이 나뉘어져 있다는 설명이므로 철저하게 분업을 한다는 ②가 정답이다.

주요 표현

- 존재
  예문 죽은 후에 사후 세계가 존재한다고 믿습니까?
  확장 존재하다, 존재감
- 낳다
  예문 아이를 낳으면 회사를 그만둬야 하는 시절도 있었다.
  확장 새끼를 낳다, 좋은 결과를 낳다
- 도맡다
  예문 10년 동안 부모님의 간병을 도맡아 해 온 효녀이다.
  확장 생계를 도맡다, 힘든 일을 도맡다
- 역할
  예문 주인공 역할을 맡은 배우의 연기가 자연스럽지 않다.
  확장 역할극, 역할 분담
- 미약하다
  예문 아직 경제 회복 수준은 미약하다고 볼 수 있습니다.
  확장 미약하게, 심신미약

17. ③

풀이

생체시계는 우리의 행동과 생리 현상이 24시간의 주기에 맞춰 살아갈 수 있도록 한다. 수면을 유발하거나 시차에 적응하는 것도 생체시계가 우리의 행동과 생리 작용을 조절하는 것이다. 그러므로 정답은 ③이다.

주요 표현

- 결합
  - 예문 물은 산소와 수소의 결합이다.
  - 확장 결합하다, 결합력
- 원리
  - 예문 원자력발전으로 전기를 만드는 원리를 알아냈다.
  - 확장 원리를 발견하다, 냉장고의 원리
- 밝혀지다
  - 예문 경찰의 노력으로 범죄 사실이 밝혀졌다.
  - 확장 진실이 밝혀지다, 진실을 밝혀내다
- 유발하다
  - 예문 담배의 유해한 물질은 암을 유발한다.
  - 확장 흥미를 유발하다, 교통 체증을 유발하다
- 유연하다
  - 예문 몸이 유연해야 춤을 잘 출 수 있다.
  - 확장 유연한 자세, 유연성
- 적응하다
  - 예문 새로운 환경에 적응하려면 시간이 필요하다.
  - 확장 적응되다, 적응력

18. ②

풀이

앞에서는 맨발 걷기의 장점에 대해서 설명하고 '하지만' 뒤에서는 주의 사항에 대해서 설명한다. 그러므로 정답은 ②이다.

주요 표현

- 효능
  - 예문 신약의 효능을 입증하기 위해서 대규모 실험이 진행됐다.
  - 확장 효능이 있다, 효능이 높다
- 번지다
  - 예문 알코올 기운이 온몸으로 번졌다.
  - 확장 불이 번지다, 냄새가 번지다
- 유사하다
  - 예문 같은 지역에서 유사한 도난사건이 여러 건 발생했다.
  - 확장 외모가 유사하다, 유사점
- 효과를 보다
  - 예문 많은 사람들이 보약을 먹고 효과를 봤다.
  - 확장 효과를 거두다, 효과를 얻다
- 순환
  - 예문 지구는 태양 주변의 궤도를 따라서 순환하고 있다.
  - 확장 순환하다, 순환버스
- 원활하다
  - 예문 태풍으로 생활용품의 공급이 원활하지 못하다.
  - 확장 수급이 원활하다, 원활히

28. ③

풀이

반도체 업계가 적자이지만 우수한 인재가 이직하는 것을 막기 위해서 예년과 동일하게 성과급을 지급했다는 내용이므로 ③이 정답이다.

주요 표현

- 상반기
  - 예문 올해 상반기에는 실적이 좋지 않았지만 하반기에 들어서면서 좋아지기 시작했다.
  - 확장 상반기 결과, 하반기
- 적자
  - 예문 개업한 지 1년이 지났지만 아직 적자를 벗어나지 못하고 있다.
  - 확장 무역 적자, 적자를 보다
- 성과급
  - 예문 올해 실적이 좋지 않았음에도 불구하고 직원들에게 성과급을 지급하기로 했다.
  - 확장 성과급을 받다, 성과급을 지급하다
- 조치
  - 예문 상태가 더 심해지기 전에 초기에 적당한 조치를 하는 것이 좋습니다.
  - 확장 조치를 취하다, 후속 조치
- 이직
  - 예문 예전과 달리 요즘은 젊은 세대의 이직이 증가하고 있다.
  - 확장 이직하다, 이직률
- 유출
  - 예문 개인정보가 유출되어 피해를 입은 사람이 많다.
  - 확장 유출하다, 기술 유출

29. ②

풀이

전 세계적으로 인공지능 시장이 크게 성장하고 있고 인공지능의 핵심 기술을 가진 기업이 세계 경제를 이끌 것으로 전망되기 때문에 이러한 인공지능 시장을 선점하기 위한 경쟁이 치열하다는 내용이므로 ②가 정답이다.

주요 표현

- 초고속
  - 예문: 전기차 판매가 초고속 성장세를 보이고 있다.
  - 확장: 초고속 충전, 초고속 승진
- 핵심
  - 예문: 양측은 핵심에서 벗어난 논쟁으로 시간을 낭비했다.
  - 확장: 핵심 세력, 핵심적
- 보유하다
  - 예문: 주택을 보유한 사람은 누구나 재산세를 내야 한다.
  - 확장: 보유자, 보유세
- 대중화
  - 예문: 문화예술계는 클래식의 대중화에 노력하고 있다.
  - 확장: 대중화되다, 대중화하다
- 우위
  - 예문: 상대편은 우리 편보다 체력적으로 우위에 있다.
  - 확장: 우위를 차지하다, 우위에 서다
- 확보하다
  - 예문: 재판에 이기기 위해서는 되도록 많은 증거를 확보해야 한다.
  - 확장: 경쟁력을 확보하다, 예산 확보

30. ②

풀이

경기 장면을 분석해서 선수의 강점과 약점을 찾아내고 여기에 맞는 프로그램을 만들어서 경기력을 높이고 기록을 단축한다는 내용이므로 ②가 정답이다.

주요 표현

- 장비
  - 예문: 공사 장비가 오래되어서 일일이 사람의 힘으로 해야 했다.
  - 확장: 등산 장비, 촬영 장비
- 경기력
  - 예문: 연습 때와 실전에서는 경기력에 차이가 난다.
  - 확장: 경기력이 좋다, 경기력이 뛰어나다
- 장면
  - 예문: 올림픽은 세계가 하나가 되는 감동적인 장면을 보여 준다.
  - 확장: 영화의 한 장면, 장면을 목격하다
- 분석
  - 예문: 사고의 원인을 분석해서 예방책을 마련할 예정이다.
  - 확장: 심리 분석, 자료 분석
- 기록
  - 예문: 많은 선수들이 세계 기록을 경신했다.
  - 확장: 기록을 깨다, 기록을 세우다
- 단축하다
  - 예문: 공사 기간을 단축하기 위해서 휴일에도 작업을 했다.
  - 확장: 단축 근무, 시간 단축

31. ③

풀이

분리불안장애는 부모 등 자신이 애착하는 대상과 떨어지는 것을 두려워한다는 내용이므로 ③이 정답이다.

주요 표현

- 분리
  - 예문: 노란색 선은 통행 방향의 분리를 나타낸다.
  - 확장: 분리하다, 분리수거
- 애착
  - 예문: 누구나 애착을 가지고 버리지 못하는 물건이 하나쯤은 있다.
  - 확장: 애착을 느끼다, 애착심
- 위협
  - 예문: 핵무기 공격은 인류의 생존을 위협하는 행위이다.
  - 확장: 위협을 주다, 위협을 당하다
- 지속적이다
  - 예문: 인공지능 분야의 지속적인 성장이 예상된다.
  - 확장: 지속하다, 지속성
- 과보호
  - 예문: 부모의 과보호는 이기적인 아이를 만든다.
  - 확장: 과보호하다, 과잉보호
- 의심
  - 예문: 의심이 많은 사람은 가족도 믿지 못한다.
  - 확장: 의심하다, 의심을 받다
- 거부
  - 예문: 회사 측의 제안을 직원들이 거부했다.
  - 확장: 거부를 당하다, 거부권

44. ③

풀이

개별 국가들이 자국의 경제를 보호하기 위해서 다양한 무역 규제를 정하고 있는데 이것을 철폐하거나 줄여서 세계가 경제적으로 하나가 될 수 있도록 하는 것이 세계무역기구의 목표라는 내용이다.

주요 표현

- 규제
  - 예문: 외국인 투자에 대한 규제가 지나치면 경제 발전에 방해가 된다.
  - 확장: 규제를 가하다, 규제를 강화하다
- 철폐하다
  - 예문: 신분제도를 철폐하기 위해 많은 사람이 노력했다.
  - 확장: 철폐되다, 관세 장벽 철폐
- 접어들다
  - 예문: 12월에 접어들면서 기온이 급격히 내려갔다.
  - 확장: 30대에 접어들다, 왼쪽으로 접어들다
- 합의하다
  - 예문: 두 나라는 관세를 없애기로 합의했다.
  - 확장: 합의를 보다, 합의에 이르다
- 조율하다
  - 예문: 정부는 각 지역의 다양한 의견을 조율하고 있다.
  - 확장: 이견을 조율하다, 사전 조율
- 협정
  - 예문: 협정을 위반하면 국제사회에서 신뢰를 잃게 된다.
  - 확장: 협정을 맺다, 협정을 체결하다
- 협상
  - 예문: 노동계와 경제계의 대표들이 임금 협상을 진행하고 있다.
  - 확장: 협상을 벌이다, 협상이 결렬되다

49. ④

풀이

이상기온 현상과 감염병으로 가축의 수가 줄고 있어서 육류가 부족하기 때문에 세계인에게 필요한 단백질을 대체육에서 찾아야 한다는 문장이므로 ④가 답이다.

주요 표현

- 대체
  - 예문: 현대 의학을 거부하고 대체 의학을 이용하는 사람들이 많다.
  - 확장: 대체하다, 대체 방안
- 의욕적으로
  - 예문: 대개 신입사원 때는 의욕적으로 일한다.
  - 확장: 의욕이 넘치다, 의욕을 잃다
- 열기
  - 예문: 지역 전체가 축제 열기로 가득 찼다.
  - 확장: 열기가 식다, 열기가 뜨겁다
- 이롭다
  - 예문: 담배는 건강에 이로운 것이 없다.
  - 확장: 이롭게 하다, 해롭다
- 함유되다
  - 예문: 과일에는 비타민과 미네랄이 다량 함유되어 있다.
  - 확장: 함유하다, 함유량
- 제한되다
  - 예문: 흡연은 제한된 장소에서만 가능하다.
  - 확장: 제한하다, 제한을 받다

유형 ❷ 글의 순서 파악하기

[유형 ❷ A]

1 각각의 문장을 순서에 맞게 배열하기

13. ③

풀이

먼저 습관적으로 귀를 후비는 사람이 많음을 밝히고 귀지는 이물질을 막아 주는 역할을 하기 때문에 굳이 제거하지 않는 게 좋다는 글의 배열이 자연스럽다. 그러므로 ③이 정답이다.

주요 표현

- 이물질
  예문 눈에 이물질이 들어갔을 때 비비거나 문지르면 안 된다.
  확장 이물질을 제거하다, 이물감
- 막다
  예문 피부 노화를 막을 수 있는 좋은 방법이 있으면 알려 주세요.
  확장 길을 막다, 막히다
- 제거
  예문 화장실 배수구 냄새를 제거하기 위해서는 먼저 원인을 찾아야 합니다.
  확장 습기 제거, 제거되다
- 후비다
  예문 귀에 물이 들어갔을 때 면봉으로 귀를 후비지 말고 그냥 두는 것이 좋습니다.
  확장 귀를 후비다, 코를 후비다
- 의외
  예문 정상 체온은 사람마다 다르다는 의외의 결과가 발표되었습니다.
  확장 의외로, 의외의

14. ④

풀이

10년 동안 승진에 대한 압박감으로 휴가를 가지 못했으나 건강에 문제가 생긴 후에 건강의 중요성을 깨닫고 휴가를 냈다는 내용이다. 그러므로 ④가 정답이다.

주요 표현

- 승진
  예문 그는 초고속 승진으로 30대에 대기업 임원이 되었다.
  확장 승진하다, 승진자 명단 발표
- 압박
  예문 빨리 결혼하라는 부모님의 압박이 너무 심해서 힘들다.
  확장 압박하다, 압박이 심하다
- 깨닫다
  예문 더운 여름날 갑자기 정전이 되자 전기의 소중함을 깨달았다.
  확장 잘못을 깨닫다, 깨달음
- 신세
  예문 숙소를 예약하지 못해서 친구 집에서 신세를 지게 되었다.
  확장 신세를 끼치다, 신세를 갚다
- 제대로
  예문 어제 늦게까지 친구들과 노느라고 잠을 제대로 못 잤더니 너무 피곤하다.
  확장 제대로 하다, 제대로 알다

15. ②

풀이

사회적 관계를 단절하고 회피하는 은둔형 외톨이가 증가하고 있으나 대책이 아직 초기 단계 수준이므로 정부나 지역 단체의 조치가 필요하다는 내용이다. 정답은 ②이다.

주요 표현

- 본능
  예문 어미 새가 새끼를 보호하는 행동은 본능이다.
  확장 본능적으로, 모성 본능
- 은둔
  예문 은둔형 외톨이 문제는 개인적인 문제를 넘어 사회적인 문제가 되고 있다.
  확장 은둔하다, 은둔 생활
- 급증하다
  예문 계속되는 폭염으로 전력 수요가 급증하고 있습니다.
  확장 급감하다, 급등하다
- 대책
  예문 청년 실업 문제에 대한 근본적인 대책을 수립해야 합니다.
  확장 대책을 마련하다, 대책이 없다
- 단절
  예문 인간관계를 모두 단절하고 산속으로 들어가서 홀로

생활하고 있다.
확장 단절하다, 대화 단절
- 회피
예문 나는 힘든 일이 생겼을 때 회피하는 것보다 정면 돌파하는 성격이다.
확장 책임 회피, 시선 회피
- 극복하다
예문 지금의 경제 위기를 극복하기 위해서는 모두 한마음으로 힘을 모아야 합니다.
확장 한계를 극복하다, 고난을 극복하다

2 주어진 문장이 들어갈 적당한 위치 찾기

39. ②

풀이

신작 소설에 대한 서평이다. '기억을 잃어가는 엄마와의 일상'은 치매에 걸린 어머니를 간병하는 내용으로 작가의 실제적인 경험을 바탕으로 하고 있다. 그러므로 소설의 제목에 대한 소개와 소설의 구체적인 내용이 나오는 문장의 사이인 ⓒ에 들어가는 것이 적절하다.

주요 표현

- 신작
예문 최근 온라인 게임이 인기를 끌면서 신작 게임을 개발하는 회사가 늘었다.
확장 신작 영화, 신작을 발표하다
- 담담하다
예문 최선을 다했기 때문에 담담하게 결과를 기다리는 중입니다.
확장 담담한 목소리, 담담한 표정
- 간병
예문 어머니가 쓰러지신 후 어머니를 간병하기 위해서 회사를 그만두었다.
확장 간병하다, 간병인
- 동행
예문 한국말이 서투른 외국인을 위해 병원까지 동행했다.
확장 동행하다, 동행자
- 안쓰럽다
예문 늦게까지 야근으로 힘들어하는 아이의 모습이 너무 안쓰러웠다.
확장 안쓰러운 마음이 들다, 안쓰러워 보이다

40. ②

풀이

폐암의 원인은 대부분 흡연과 관련이 있으나 비흡연자의 경우는 원인을 명확하게 구별하기가 어렵다. 대체로 특정한 유전자의 변이나 간접흡연, 대기오염 등으로 원인을 추정하고 있다는 내용이다. 그러므로 ⓒ에 들어가는 것이 적절하다.

주요 표현

- 발병
예문 올해 독감은 젊은 층에서 많이 발병되는 것이 특징이다.
확장 발병하다, 발병률
- 규명
예문 국민들은 이번 사건에 대한 철저한 진상 규명을 요구하고 있다.
확장 규명하다, 원인 규명
- 유전자
예문 키 성장에 영향을 미치는 유전자를 밝혀냈다.
확장 유전자 검사, 유전자 조작
- 변이
예문 코로나19의 새로운 변이가 확산될 조짐을 보이고 있다.
확장 유전자 변이, 돌연변이
- 추정
예문 이번 지진으로 인한 사망자가 100명이 넘을 것으로 추정됩니다.
확장 추정하다, 추정되다

41. ③

풀이

김홍도의 그림이 사실적인 묘사와 더불어 유머와 해학이 있다는 문장이므로 서당의 재미나는 모습을 설명하는 문장 앞인 ⓒ에 들어가는 것이 적절하다.

주요 표현

- 사실적
예문 자기소개서는 감상적으로 쓰는 것보다 사실적으로 쓰는 것이 좋다.
확장 사실적이다, 사실적으로
- 묘사
예문 이 소설은 청소년들의 정신적인 성장 과정을 잘 묘사했다는 평을 받고 있다.

확장 묘사되다, 심리 묘사

- 해학

예문 이 책은 인간적인 유머와 해학이 뛰어난 작품이다.

확장 해학이 넘치다, 해학적

- 반영

예문 이 드라마는 서민들의 현실을 잘 반영하여 인기를 끌고 있다.

확장 반영하다, 내신 성적 반영

- 생동감

예문 이 작가의 그림은 사람이 살아 움직이는 듯한 생동감이 느껴진다.

확장 생동감이 있다, 생동감이 넘치다

[유형 ❷ B]

1 각각의 문장을 순서에 맞게 배열하기

13. ①

풀이

먼저 1인 가구가 늘면서 가전제품이 변화하고 있는 우리 사회의 현상을 설명하고 1인 가구의 특징이 무엇인지 구체적으로 제시하는 것이 자연스러운 글의 배열이다. 그러므로 ①이 정답이다.

주요 표현

- 돌파

예문 정면 돌파보다 측면 돌파가 성공 확률이 높다.

확장 돌파하다, 돌파구

- 알차다

예문 봉사활동을 하면서 알차고 보람 있는 시간을 보냈다.

확장 알찬 내용, 속이 알차다

- 위주

예문 최근 기업들은 학벌이 아니라 실력 위주로 사람을 뽑는다.

확장 남성 위주의 사회, 흥미 위주의 기사

- 의존하다

예문 아이가 부모에게 지나치게 의존하는 것은 좋지 않다.

확장 의존적이다, 의존관계

14. ③

풀이

내가 장난으로 한 말에 친구가 화가 났고 내가 빨리 사과했지만 친구의 오해가 풀리지 않았다는 내용이다. 정답은 ③이다.

주요 표현

- 오해

예문 오해를 풀기 위해서 오랫동안 이야기를 나눴다.

확장 오해가 생기다, 오해를 받다

- 장난

예문 장난이 심한 아이는 돌보기가 힘들다.

확장 장난감, 장난을 치다

- 알아주다

예문 경제 분야에서 알아주는 전문가를 모시고자 한다.

확장 형편을 알아주다, 마음을 알아주다

- 상하다

  [예문] 여름에는 음식이 상하기가 쉬워요.

  [확장] 기분이 상하다, 자존심이 상하다

15. ③

풀이

범죄 예방에 대한 국민들의 요구가 많아지면서 기업과 민간단체들이 치안 활동에 참여하고 있으며 이러한 참여를 늘리기 위해서 정부가 나섰다는 내용이다. 정답은 ③이다.

주요 표현

- 범죄

  [예문] 최근 들어 마약 범죄가 늘고 있다.

  [확장] 범죄를 저지르다, 범죄자

- 예방

  [예문] 손을 잘 씻으면 감기를 예방할 수 있다.

  [확장] 예방책, 예방주사

- 요구

  [예문] 학생들의 다양한 요구를 모두 수용하기가 어렵다.

  [확장] 요구하다, 요구 조건

- 자발적

  [예문] 모든 일에 시민들의 자발적 참여가 필요하다.

  [확장] 자발적이다, 자발적으로

- 나서다

  [예문] 회사들은 신제품 홍보에 적극적으로 나선다.

  [확장] 길을 나서다, 앞에 나서다

- 반영하다

  [예문] 소설은 당시의 사회 분위기를 반영한다.

  [확장] 의지를 반영하다, 현실을 반영하다

- 치안

  [예문] 주민들의 안전과 치안에 대한 책임은 시장에게 있다.

  [확장] 치안을 유지하다, 치안을 어지럽히다

2 주어진 문장이 들어갈 적당한 위치 찾기

39. ③

풀이

작가 이유미의 유작이 출간하게 된 배경을 설명한 후 작품의 내용에 대해서 간략하게 소개하고 있다. 작품의 내용에 대한 글이므로 원고를 발견한 다음인 ㉢에 들어가는 것이 적절하다.

주요 표현

- 자전적

  [예문] 감독은 이번 영화가 자신의 개인사를 담고 있는 자전적 영화라고 밝혔다.

  [확장] 자전적이다, 자전적 이야기

- 작고하다

  [예문] 내가 어렸을 때 작고하신 아버지에 대한 기억이 거의 없다.

  [확장] 돌아가시다, 고인이 되다

- 유작

  [예문] 세계적인 작곡가의 미완성 유작이 발표되었다.

  [확장] 유품, 유언

- 왕성하다

  [예문] 80세가 넘어서도 사회적으로 왕성하게 활동하는 분들이 많다.

  [확장] 왕성한 호기심, 왕성한 식욕

- 투명하다

  [예문] 피해자들은 사건을 투명하게 수사해 달라고 요구했다.

  [확장] 투명한 유리창, 투명한 심사 기준

40. ③

풀이

물을 마시면 여러 가지 장점이 있다는 내용이다. 공복에 마시는 물 한 잔이 보약만큼 좋다는 말과 이에 대한 설명을 하고 이어서 척추 건강을 지키는 데에도 중요하다는 내용과 그 이유를 설명하고 있다. 그러므로 ㉢에 들어가는 것이 적절하다.

주요 표현

- 신진대사

  [예문] 신진대사가 좋지 않으면 살이 찌거나 병이 생기기 쉽다.

  [확장] 신진대사가 활발하다, 대사증후군

- 촉진하다

  [예문] 정부는 수출을 촉진하기 위한 정책을 강구하고 있다.

  [확장] 소화를 촉진하다, 촉진제

- 원활하다

  [예문] 물자의 원활한 공급을 위해서 유통단계를 개선했다.

  [확장] 교통이 원활하다, 원활히

- 회복하다

  [예문] 한번 잃어버린 신뢰를 회복하는 것은 쉽지 않다.

  [확장] 건강을 회복하다, 피로회복제

- 압박하다
  - 예문 어려운 경제상황이 국민들의 생활을 압박하고 있다.
  - 확장 압박을 가하다, 압박이 심하다
- 유발하다
  - 예문 선생님이 학생들의 흥미를 유발하기 위해서 다양한 자료를 준비했다.
  - 확장 교통 체증을 유발하다, 동기 유발

41. ②

풀이

화성 축조에 새로운 장비와 재료가 사용되었다는 내용이므로 장비와 재료에 대해서 구체적으로 설명을 하고 있는 내용의 앞인 ⓒ에 들어가는 것이 적절하다.

주요 표현

- 개선하다
  - 예문 교육부는 입시 제도의 문제점을 개선하기 위해서 노력 중이다.
  - 확장 환경을 개선하다, 개선 방안
- 참고하다
  - 예문 역사적인 기록을 참고해서 드라마를 만들었다.
  - 확장 참고서, 참고 문헌
- 도입하다
  - 예문 정확한 결과를 위해서 첨단 장비를 도입할 계획이다.
  - 확장 이론을 도입하다, 도입부
- 발간
  - 예문 새로운 기관지 발간으로 홍보 효과를 거두었다.
  - 확장 신문을 발간하다, 잡지 발간
- 보유하다
  - 예문 외국 주식을 보유한 직원들의 명단이 발표됐다.
  - 확장 세계 기록을 보유하다, 보유량
- 평가
  - 예문 과학자들은 인류의 역사를 바꾸는 인물로 평가를 받는다.
  - 확장 평가하다, 평가를 내리다

유형 ❸ 전체 내용 이해하기

[유형 ❸ A]

1 광고문의 의미 파악하기

5. ③

풀이

높이를 몸에 맞게 조절해서 편하게 공부할 수 있는 책상 광고이다.

주요 표현

- 맞다
  - 예문 색상은 마음에 드는데 몸에 맞는 사이즈가 없어서 못 샀어요.
  - 확장 몸에 맞다, 입에 맞다
- 높이
  - 예문 산의 높이는 어떻게 재는 거예요?
  - 확장 크기, 넓이
- 조절
  - 예문 운동도 중요하지만 식사량을 조절하지 않으면 체중은 줄지 않습니다.
  - 확장 온도 조절, 음식 조절

6. ④

풀이

당일에 전문의에게 진료와 검사를 받을 수 있는 병원에 대한 광고이다.

주요 표현

- 예약
  - 예문 이번 주말 예약은 마감되었습니다.
  - 확장 예약하다, 예약석
- 전문의
  - 예문 우울증이 있으면 정신과 전문의와 상담하는 것이 좋다.
  - 확장 전문가, 전문직
- 진료
  - 예문 의료보험제도가 잘 되어 있어서 병원 진료비가 많이 들지 않는다.
  - 확장 진료하다, 진료실

- 당일
  - 예문 오전에 주문하시면 당일에 물건을 받으실 수 있습니다.
  - 확장 당일치기, 당일 배송
- 검사
  - 예문 오늘 검사하시면 검사 결과는 다음 주에 알 수 있습니다.
  - 확장 검사하다, 혈액 검사

7. ①

풀이

속도를 줄여서 안전하게 운전하면 사고를 막을 수 있다는 교통 안전에 대한 공익 광고이다.

주요 표현

- 속도
  - 예문 속도를 제한하지 않는 고속도로가 있다고 한다.
  - 확장 속도위반, 속도 제한
- 안전
  - 예문 어린이들의 안전을 위하여 초등학교 주위에서는 속도 제한을 실시하고 있다.
  - 확장 안전하다, 안전히
- 줄이다
  - 예문 월급이 적더라도 근무 시간을 줄일 수 있으면 좋겠어요.
  - 확장 소리를 줄이다, 크기를 줄이다
- 생명
  - 예문 헌혈을 하면 소중한 생명을 구할 수 있습니다. 동참해 주세요.
  - 확장 생명을 구하다, 생명 보험

8. ③

풀이

알약과 물약, 연고를 배출하는 방법에 대한 안내문이다.

주요 표현

- 알약
  - 예문 아이들은 알약을 잘 삼키지 못해서 보통 물약이나 가루약을 먹는다.
  - 확장 가루약, 물약
- 개봉
  - 예문 물품을 개봉한 후에는 교환이나 환불이 되지 않습니다.
  - 확장 개봉하다, 개봉 박두
- 연고
  - 예문 칼에 베인 상처에 이 연고를 바르면 흉터가 생기지 않습니다.
  - 확장 연고를 바르다, 화상 연고
- 마개
  - 예문 입마개를 하지 않은 큰 개가 내 옆으로 와서 무서웠다.
  - 확장 마개를 따다, 입마개

2 글의 주제 파악하기

20. ①

풀이

초기에는 자극적인 영상들이 인기를 끌 수 있지만 유튜브를 지속적으로 운영하려면 콘텐츠의 질이 좋아야 한다는 내용이다.

주요 표현

- 자극적
  - 예문 위가 좋지 않을 때는 자극적인 음식을 피하셔야 합니다.
  - 확장 자극적이다, 자극하다
- 발언
  - 예문 여성 비하 발언으로 물의를 일으킨 회사 대표가 물러났다.
  - 확장 소신 발언, 발언권
- 논란
  - 예문 여객선 침몰 사고 관련 논란이 끊이지 않고 있다.
  - 확장 논란에 휩싸이다, 논란의 여지가 있다
- 보장
  - 예문 국가 안보가 보장되지 않으면 국민들은 불안할 수밖에 없다.
  - 확장 보장하다, 수익 보장

35. ①

풀이

2001년 예금자 보호액이 상향된 후 지금까지 지속되고 있으므로 국민의 재산권 보호를 위해서라도 예금자 보호액을 늘려야 한다는 내용이다.

주요 표현

- 금융
  - 예문 한국은 1997년에 금융 위기를 겪었다.

확장 금융기관, 금융 거래
- 파산

예문 사업으로 진 빚을 도저히 갚을 수가 없어서 파산 신청을 했다.

확장 파산하다, 파산 위기
- 사유

예문 영수가 이혼한 사유는 성격 차이인 것으로 밝혀졌다.

확장 사유를 밝히다, 퇴직 사유
- 한도액

예문 이번 달 카드 한도액이 초과되어 사용할 수 없다.

확장 대출 한도액, 한도액 증액
- 원금

예문 집을 사느라고 은행에서 대출을 받았는데 언제쯤 원금을 갚을 수 있을지 막막하다.

확장 원금 상환, 투자 원금
- 재산권

예문 정부가 토지 거래를 제한하자 해당 지역 주민들이 재산권을 침해하지 말라고 항의했다.

확장 재산권 침해, 지식 재산권

36. ②

풀이

건전한 공연 문화를 확립하기 위해서 암표를 거래하는 실태를 조사하여 암표를 근절해야 한다는 내용이다.

주요 표현

- 암표

예문 최근 유명 가수의 공연 티켓이 20배나 높은 가격으로 암표 거래가 되고 있다.

확장 암표상, 암표 판매 단속
- 지목

예문 범인의 얼굴을 보자 아이는 손가락으로 범인을 지목했다.

확장 지목하다, 지목을 당하다
- 거래

예문 요즘 젊은이들 사이에 저렴한 가격으로 구입할 수 있는 중고 거래가 인기를 끌고 있다.

확장 거래가 활발하다, 거래명세서
- 확립

예문 청소년기는 정체성이 확립되는 시기이다.

확장 확립하다, 질서 확립
- 실태

예문 정부가 기업을 대상으로 장애인 고용 실태 조사에 나섰다.

확장 실태 파악, 실태 조사
- 근절

예문 교육부는 학교 폭력을 근절하기 위한 대책을 발표했다.

확장 근절하다, 근절 방안

37. ①

풀이

환자의 심리 상태에 따라 병이 호전되기도 하고 악화되기도 한다는 내용이다.

주요 표현

- 처방

예문 이 약은 의사의 처방 없이는 살 수 없는 약이다.

확장 처방하다, 처방전
- 불신

예문 검찰 수사에 대한 국민들의 불신이 깊다.

확장 불신하다, 불신감
- 진단

예문 폐암이라는 의사의 진단 결과를 듣자마자 주저앉았다.

확장 진단을 받다, 진단서
- 악화

예문 아버지는 병세가 점점 악화되어 결국 병원에 입원하시게 되었다.

확장 악화시키다, 국제 수지 악화
- 심리

예문 요즘 가볍게 재미로 심리 테스트를 하는 젊은이들이 많다.

확장 심리 검사, 심리 상태
- 호전되다

예문 좋다는 약을 다 써 봤지만 병세가 호전되지 않았다.

확장 호전이 없다, 병세 호전

38. ②

풀이

이미 우리 식탁을 점령한 유전자 변형 식품에 대해 부정적으로 생각할 것이 아니라 식량 부족을 대체할 수 있는 대안으로 인식을 전환해 활용하는 방법을 찾아야 한다는 내용이다.

주요 표현

- 유전자
  예문: 친자 확인을 위해 유전자 검사를 의뢰했다.
  확장: 유전자 검사, 유전자 조작
- 변형
  예문: 어렸을 때 자동차가 로봇으로 변형되는 장난감이 인기였다.
  확장: 변형하다, 변형되다
- 인위적
  예문: 이렇게 거대한 호수가 인위적으로 만들어졌다니 믿기가 힘들다.
  확장: 인위적으로, 자연적
- 논란
  예문: 유명 정치인이 불법으로 정치 자금을 받은 사실이 알려져 논란이 되고 있다.
  확장: 논란을 벌이다, 논란거리
- 인지
  예문: 부모님의 치매 여부를 확인하기 위해서 인지 검사를 실시하였다.
  확장: 인지하다, 인지 능력
- 점령
  예문: 국경 근처 지역은 적군에게 이미 점령을 당한 상태입니다.
  확장: 점령하다, 점령군
- 모색하다
  예문: 요즘 가수들은 해외 진출을 모색하고 있다.
  확장: 해결 방안을 모색하다, 살길을 모색하다

45. ①

풀이

지역의 특성에 맞게 건축된 한옥은 친환경적인 재료를 사용하여 지은 건축물로 냉방과 난방이 잘 되고 습도 조절이 용이한 아주 우수한 주거 형태이다.

주요 표현

- 거스르다
  예문: 어렸을 때는 아버지의 말은 거스를 수가 없어서 무조건 따랐다.
  확장: 운명을 거스르다, 신경을 거스르다
- 순응하다
  예문: 주어진 환경에 순응하기보다는 새로운 것에 도전하는 것을 즐긴다.
  확장: 현실에 순응하다, 자연에 순응하다
- 건축되다
  예문: 여기에 주민들을 위한 도서관이 건축될 예정이다.
  확장: 건축하다, 건축가
- 결합
  예문: 휴대전화 요금을 가족 결합 요금제로 하면 할인을 받을 수 있다.
  확장: 결합하다, 결합되다
- 재조명되다
  예문: 한 유명 배우의 이혼 사실이 밝혀지면서 과거의 발언이 재조명되고 있다.
  확장: 재조명하다, 과거사가 재조명되다

48. ①

풀이

기후 변화로 인해 북대서양의 해수면 온도 상승과 남극 대륙의 빙하 감소 등 과학자들의 예상을 뛰어넘은 현상이 발생하고 있다. 이러한 현상이 지속되면 자연 생태계 파괴 등 심각한 문제가 초래될 수 있다는 기후 위기의 심각성을 알리기 위한 글이다.

주요 표현

- 전례
  예문: 무조건 전례를 따르는 것보다 상황의 변화에 따라 달라지는 것이 맞다.
  확장: 전례가 없다, 전례를 따르다
- 속출하다
  예문: 불경기가 지속되자 폐업하는 가게가 속출하고 있다.
  확장: 신기록이 속출하다, 피해가 속출하다
- 이례적
  예문: 회사 대표가 직접 나와서 사과를 하는 것은 이례적인 일이다.
  확장: 이례적이다, 이례적으로
- 배출
  예문: 몸속에 있는 독소를 잘 배출해야 건강을 유지할 수 있다.
  확장: 배출하다, 가스 배출
- 파괴
  예문: 지진으로 인해 대부분의 건물이 파괴되었다.
  확장: 파괴하다, 파괴력
- 초래
  예문: 한순간의 잘못된 선택이 인생의 파멸을 초래했다.
  확장: 초래하다, 초래되다

3 머리기사의 의미 파악하기

25. ②

풀이

여름에도 독감 환자가 많이 확산되고 있으니까 안심할 수 없다는 내용이다.

주요 표현

- 심상찮다
  - 예문 이틀 연속으로 주가의 상승세가 심상치 않습니다.
  - 확장 예사롭지 않다, 범상하다
- 독감
  - 예문 어린아이나 노약자들은 독감 예방 주사를 접종하시기 바랍니다.
  - 확장 독감 주사, 호흡기 질환
- 확산
  - 예문 산불의 확산을 막기 위해서 최선을 다하고 있지만 아직 불길이 잡히지 않았습니다.
  - 확장 확대, 확장

26. ④

풀이

관광지에서 요금을 비싸게 받는 가게가 많아서 정부가 단속을 했지만 실제적인 효과는 없다는 내용이다.

주요 표현

- 바가지요금
  - 예문 인주시는 축제 때 바가지요금을 없애기 위해서 사전에 가격을 공개하기로 했다.
  - 확장 바가지를 씌우다, 바가지를 쓰다
- 극성
  - 예문 은퇴자를 대상으로 하는 사기가 극성을 부리고 있으니 주의하시기 바랍니다.
  - 확장 극성을 부리다, 극성맞다
- 단속
  - 예문 연말연시에 음주 운전 단속을 대대적으로 실시한다.
  - 확장 단속하다, 단속에 걸리다
- 실효성
  - 예문 청년 취업 문제에 대한 실효성 있는 대책을 세워야 한다.
  - 확장 실효성이 적다, 실효성이 없다

27. ④

풀이

물가는 많이 올랐지만 월급은 조금 올랐다는 내용이다.

주요 표현

- 물가
  - 예문 요즘은 물가가 너무 올라서 장보기가 무섭다.
  - 확장 가격, 소비자 물가
- 인상
  - 예문 다음 달 1일부터 버스 요금이 300원 인상된다.
  - 확장 인상하다, 인하하다
- 쑥
  - 예문 갑자기 성적이 쑥 오른 비결이 뭐야?
  - 확장 쑥 내밀다, 쑥 나오다
- 찔끔
  - 예문 국제 유가는 많이 내렸지만 주유소 기름값은 찔끔 내렸다.
  - 확장 찔끔 오르다, 찔끔 주다

[유형 ❸ B]

1 광고문의 의미 파악하기

5. ③

풀이

고기나 채소 같은 식품을 신선하게 보관할 수 있는 냉장고 광고이다.

주요 표현

- 육즙
  예문 고기를 요리할 때 육즙이 빠지지 않게 해야 맛있다.
  확장 양파즙, 배즙
- 소중하다
  예문 나에게는 무엇보다도 가족이 소중하다.
  확장 소중하게 생각하다, 소중히 여기다
- 신선하다
  예문 음식의 맛은 재료의 신선함이 결정한다.
  확장 신선도, 신선 식품
- 간직하다
  예문 부모님의 말씀을 늘 가슴속에 간직하고 있다.
  확장 잘 간직하다, 귀중품을 간직하다

6. ③

풀이

머리 모양을 바꿔 주고 조조할인과 가족 동반 할인을 해 주는 미용실에 대한 광고이다.

주요 표현

- 멋
  예문 한복의 멋은 아름다운 곡선이다.
  확장 멋을 내다, 멋을 부리다
- 완성
  예문 한 작품을 완성하기까지 엄청난 노력이 필요하다.
  확장 완성되다, 완성도가 높다
- 완벽
  예문 주인공은 완벽에 가까운 연기로 박수를 받았다.
  확장 완벽하다, 완벽을 기하다
- 조조할인
  예문 어제 개봉한 영화를 조조할인으로 봤다.
  확장 조조할인하다, 조조 영화
- 동반
  예문 감기에 걸리면 여러 가지 증상이 동반된다.

확장 동반자, 부부 동반

7. ③

풀이

손 씻기를 통해 위생을 지켜야 한다는 위생 관리에 대한 공익 광고이다.

주요 표현

- 기도
  예문 가족의 행복을 위해 신에게 기도를 드렸다.
  확장 기도하다, 간절히 기도하다
- 소중하다
  예문 이건 비싼 것은 아니지만 나에게는 아주 소중하다.
  확장 소중한 물건, 소중히
- 예방
  예문 병에 걸리기 전에 예방하는 것이 중요하다.
  확장 산불 예방, 예방주사

8. ②

풀이

공연을 보려는 사람들이 지켜야 하는 주의 사항에 대한 안내문이다.

주요 표현

- 입장
  예문 극장 앞은 입장하려는 관객들로 가득했다.
  확장 입장료, 입장객
- 마치다
  예문 팬들이 공연을 마치고 나오는 가수들을 기다렸다.
  확장 일을 마치다, 대학을 마치다
- 연령
  예문 연령에 따라 보험료에 차이가 있다.
  확장 연령이 높다, 연령이 낮다
- 준수하다
  예문 신분이 높건 낮건 누구나 법을 준수해야 한다.
  확장 안전 수칙 준수, 준수 사항

2 글의 주제 파악하기

20. ②

풀이

주민들이 쓰레기 매립장 확충에 반대했지만 시 당국이 설명회와 공청회를 열어서 주민들을 설득하고 의견을 듣는 등 대화와 타협을 통해서 갈등을 해결했다.

주요 표현

- 매립장
  - 예문 쓰레기 매립장 건립을 반대하는 주민들의 시위가 이어지고 있다.
  - 확장 매립하다, 매립지
- 확충
  - 예문 학생 수가 증가하자 학교에서는 기숙사 시설을 확충하기로 했다.
  - 확장 확충하다, 예산 확충
- 분쟁
  - 예문 노사 간의 분쟁을 해결하기 위해서 정부가 나섰다.
  - 확장 분쟁이 발생하다, 분쟁 지역
- 제기하다
  - 예문 부실 공사에 대해서 주민들이 건설사를 상대로 소송을 제기했다.
  - 확장 의문을 제기하다, 이의를 제기하다
- 설득
  - 예문 엄마는 가족들의 끈질긴 설득으로 입원하기로 했다.
  - 확장 설득하다, 설득력
- 타협
  - 예문 상당한 타협에도 불구하고 여전히 양측의 대립이 계속되고 있다.
  - 확장 타협하다, 타협이 이루어지다

35. ②

풀이

과학기술의 중요성이 커지면서 여러 문제가 발생했으며 이를 해결하기 위해서 특정 학제에 한정하지 않고 다양한 학문의 융합연구가 필요하다는 내용이다.

주요 표현

- 형성
  - 예문 청소년기는 가치관이 완전히 형성되기 전이다.
  - 확장 형성하다, 공감대가 형성되다
- 예기치 못하다
  - 예문 예기치 못한 문제로 행사가 취소됐다.
  - 확장 예기하다, 예기치 않다
- 탐구하다
  - 예문 모든 학문의 목적은 진리를 탐구하는 것이다.
  - 확장 탐구심이 강하다, 탐구력을 높이다
- 관점
  - 예문 이번 사건에 대한 해석은 보는 관점에 따라 다르다.
  - 확장 관점으로, 관점을 지니다
- 성찰하다
  - 예문 일기를 쓰는 것은 자기 자신을 성찰하는 데 도움이 된다.
  - 확장 성찰적 태도, 자기 성찰
- 한정하다
  - 예문 회원 자격을 신입생으로 한정했다.
  - 확장 한정 판매, 수량 한정
- 유익하다
  - 예문 이 책은 어린이에게 유익하고 재미있는 이야기로 가득하다.
  - 확장 유익을 주다, 유해하다

36. ②

풀이

반려동물이 버려지거나 유실되는 일을 줄이려면 소유자가 책임의식을 가지고 끝까지 돌보고 동물등록제를 통해 등록해야 한다는 내용이다.

주요 표현

- 유실되다
  - 예문 홍수로 많은 농작물이 유실되었다.
  - 확장 유실하다, 유실물
- 유기
  - 예문 침묵은 자신의 책임을 유기하는 행위이다.
  - 확장 유기하다, 유기 동물
- 포화
  - 예문 좁은 골목은 차량의 포화로 오도 가도 못하는 상태이다.
  - 확장 포화도, 포화량
- 제한
  - 예문 이 공연 관람은 나이 제한이 있다.
  - 확장 제한하다, 제한 구역
- 입양
  - 예문 동물을 입양했다가 파양하는 사례가 많다.
  - 확장 입양아, 해외 입양
- 엄격히
  - 예문 기숙사는 통행금지 시간을 엄격히 규정하고 있다.
  - 확장 엄격히 따지다, 엄격하다

37. ③

풀이

발효식품은 음식의 맛을 좋게 하기 위해서 사용되며 항암, 항산화 효과에다가 장 건강, 피부 건강까지 향상시키는 기능이 있어서 사람들의 관심을 끌고 있다는 내용이다.

주요 표현

- 발효
  예문 제대로 발효된 막걸리를 마셔야 한다.
  확장 발효시키다, 발효액
- 작용
  예문 약물은 인체에 영향을 미치는 여러 가지 작용을 한다.
  확장 악재로 작용하다, 유리하게 작용하다
- 분해하다
  예문 컴퓨터를 분해했다가 다시 조립했는데 부품이 남는다.
  확장 분해되다, 분해력
- 합성하다
  예문 사진을 합성해서 가짜 뉴스를 만든다.
  확장 합성섬유, 합성세제
- 저장하다
  예문 포도주는 보통 지하실에 저장한다.
  확장 저장 온도, 저장 음식
- 풍미
  예문 된장찌개는 오래 끓여야 풍미가 느껴진다.
  확장 풍미를 높이다, 풍미가 좋다
- 각광
  예문 최근 한옥마을이 관광 명소로 각광을 받고 있다.
  확장 각광을 받다, 주목을 받다

38. ①

풀이

이기주의는 남을 배려하지 않고 자기만의 이익을 추구하지만 개인주의는 남을 자신과 같은 개인으로 보고 존중하므로 두 생각을 혼동하지 않아야 한다는 내용이다.

주요 표현

- 배려
  예문 어려움을 이해하고 도와주는 이웃의 배려에 감동했다.
  확장 배려하다, 특별 배려
- 추구
  예문 이 단체는 이윤 추구를 목적으로 만들어졌다.
  확장 추구하다, 행복추구권
- 극단적
  예문 어려움에 처하면 죽음이라는 극단적 선택을 하는 사람도 있다.
  확장 극단적이다, 극단적으로
- 존중하다
  예문 주민 한 사람 한 사람의 자유의사를 존중해야 한다.
  확장 존중되다, 개성 존중
- 이득
  예문 동료의 무능을 비난하는 것이 자신에게 무슨 이득이 있을까?
  확장 이득을 보다, 이득을 취하다
- 몰아세우다
  예문 사실을 밝히라며 주민들이 시장을 몰아세웠다.
  확장 몰다, 내몰다
- 부당하다
  예문 실력이 아니라 학벌로 사람을 평가하는 것은 부당하다.
  확장 부당한 요구, 부당하게 이득을 보다

45. ④

풀이

판다는 대나무를 먹지만 사실은 육식동물의 소화기관을 가지고 있는 육식동물이기 때문에 충분한 에너지를 얻기 위해서는 많은 양의 대나무를 먹어야 한다는 내용이다.

주요 표현

- 개체수
  예문 기후 변화로 인해 많은 동물들의 개체수가 줄고 있다.
  확장 개체수가 적다, 개체수가 늘다
- 복원
  예문 문화재들이 전쟁으로 인해 복원이 불가능할 정도로 파괴되었다.
  확장 복원하다, 원형을 복원하다
- 성장하다
  예문 1970년대는 한국의 경제가 크게 성장한 시기이다.
  확장 성장기, 성장이 빠르다
- 보충하다
  예문 부족한 인원을 보충하기 위해서 신입사원 모집공고를 냈다.
  확장 보충수업, 영양 보충제
- 섭취하다
  예문 건강을 위해서 음식을 골고루 섭취해야 한다.

확장 음식물을 섭취하다, 영양분을 섭취하다
- 제외하다
예문 주말을 제외하고 매일 도서관에 간다.
확장 제외되다, 제외 대상

48. ③

풀이

노벨상이 세계적으로 권위 있는 상이지만 과학자들이 논문을 발표하고 상을 받기까지 시간이 많이 걸리는 문제가 있다는 것을 알리기 위한 글이다.

주요 표현

- 헌신하다
예문 일생을 교육에 헌신하신 분들에게 감사장을 드렸다.
확장 헌신적이다, 헌신적으로
- 시상하다
예문 최우수상은 글을 제일 잘 쓴 사람에게 시상한다.
확장 수상하다, 시상식
- 기여하다
예문 세계 평화에 기여한 사람에게 노벨평화상을 준다.
확장 공헌하다, 이바지하다
- 드러나다
예문 사건의 배후가 드러났지만 아직 사건의 원인이 밝혀지지 않았다.
확장 진실이 들어나다, 범죄가 드러나다
- 악순환
예문 미움은 또 다른 미움을 낳는 악순환을 가져온다.
확장 악순환하다, 선순환
- 장려하다
예문 정부가 국민들에게 저축을 하도록 장려하고 있다.
확장 장려 정책, 장려금
- 치하하다
예문 사장은 사원들의 노고를 치하하고 상여금을 지급했다.
확장 성과를 치하하다, 치하의 말씀

3 머리기사의 의미 파악하기

25. ①

풀이

이해하기 어려울 정도로 입장료를 비싸게 받아서 소비자들만 피해를 입는다는 내용이다.

주요 표현

- 터무니없다
예문 선수의 운동화가 터무니없이 비싼 값에 팔렸다.
확장 터무니없는 거짓말, 터무니없는 생각
- 고스란히
예문 생활비를 뺀 나머지 월급을 고스란히 저축했다.
확장 고스란히 남아 있다, 온전하다
- 몫
예문 사람마다 자기 몫을 해야 한다.
확장 몫을 나누다, 몫을 챙기다

26. ④

풀이

연말연시 기간 동안 낮에 술을 마시고 음주 운전을 하지만 경찰이 검문검색을 제대로 못하고 있다는 내용이다.

주요 표현

- 연말연시
예문 불경기로 연말연시 분위기가 조용하다.
확장 연말, 연초
- 대낮
예문 달빛이 어찌나 밝은지 대낮보다 환하다.
확장 대낮부터, 한낮
- 뚫리다
예문 터널이 뚫려서 오고 가는 시간이 절반으로 줄었다.
확장 코가 뚫리다, 뚫다
- 검문검색
예문 경찰이 지나는 차량을 대상으로 검문검색을 벌이고 있다.
확장 검문하다, 검색하다

27. ②

풀이

결혼식을 할 때 예식장 비용이나 음식값이 너무 비싸서 결혼식에 참석하는 하객들이 부담을 느끼고 축의금을 더 낸다는 내용이다.

주요 표현

- 예식
예문 예식이 시작되면 제일 먼저 주례를 소개한다.
확장 예식을 올리다, 예식장

- 거품

  [예문] 부동산 시장에 거품이 빠지면서 안정되었다.

  [확장] 거품을 걷어내다, 거품 경제

- 부담

  [예문] 경제적인 부담 때문에 출산율이 줄고 있다.

  [확장] 부담하다, 부담감

- 떠안다

  [예문] 인력이 줄면서 남은 몇몇이 모든 일을 떠안게 되었다.

  [확장] 책임을 떠안다, 떠맡다

유형 ❹ 세부 내용 이해하기

[유형 ❹ A]

1 안내문의 내용 파악하기

9. ③

풀이

① 서울 수목원은 입장하기 30일 전부터 예매할 수 있다.
② 서울 수목원 주차장은 예약을 해야 이용할 수 있다.
③ 단체로 수목원에 가는 경우에는 전화로 예약할 수 있다.
④ 서울 수목원은 입장 당일에는 예매할 수 없다.

주요 표현

- 예매하다

  [예문] 요즘은 직접 가지 않고 인터넷으로 예매할 수 있어서 편리하다.

  [확장] 영화표 예매, 예약하다

- 입장

  [예문] 번호 순서대로 천천히 입장해 주십시오.

  [확장] 입장 인원, 입장 가능

- 불가

  [예문] 이 영화는 청소년 관람 불가입니다.

  [확장] 관람 불가, 환불 불가

- 차량

  [예문] 아이들이 많이 다니는 길이므로 공사 차량 운행을 제한하기로 했습니다.

  [확장] 차량 운행, 차량 점검

- 단체 관람

  [예문] 20명 이상의 단체 관람객은 입장료의 30% 할인이 됩니다.

  [확장] 단체 사진, 단체 여행

- 문의

  [예문] 항공권 취소에 대해서 문의했지만 일주일이 넘도록 답변이 없다.

  [확장] 문의 전화, 문의 사항

2 그래프의 내용 파악하기

10. ④

풀이

① 이직을 하는 가장 큰 이유는 일과 생활의 균형이다.
② 이직을 하는 이유로 연봉이 27%, 기업의 발전 가능성

이 16%이다.
③ 이직을 선택할 때 연봉이 동료와의 불화보다 많은 것으로 나타났다.
④ 이직을 선택할 때 일과 개인 생활의 균형을 맞추는 것이 연봉보다 비중이 높은 것으로 나타났다.

주요 표현

- 조건
[예문] 한국어학당에 입학하고 싶은데 입학 조건이 무엇입니까?
[확장] 무조건, 조건부 입학
- 균형
[예문] 장시간 잘못된 자세로 있으면 신체의 균형이 무너집니다.
[확장] 균형을 맞추다, 균형을 잃다
- 연봉
[예문] 물가는 치솟고 있는데 연봉은 겨우 3% 인상되었다.
[확장] 연봉이 높다, 연봉 협상

3 기사의 내용 파악하기

11. ④

풀이

① 세계 예술인상은 올해 처음으로 신설된 상이 아니다.
② 수상자는 해외 공연이 있어서 시상식에 참석하지 못했다.
③ 세계 예술인상은 젊은 예술인들에게 용기를 주는 상이라는 것은 수상자의 소감 내용이다.
④ 수상자는 지금까지 이 상을 받은 사람들 중에서 가장 나이가 어리다.

주요 표현

- 수상자
[예문] 2000년에 김대중 대통령이 노벨 평화상 수상자로 선정되었다.
[확장] 수상자 후보, 노벨상 수상자
- 선정
[예문] 교수님들의 추천으로 영수 씨가 이번 학기 장학생으로 선정되었습니다.
[확장] 논문 주제를 선정하다, 업체를 선정하다
- 역대
[예문] 역대 대통령 중에서 가장 훌륭한 업적을 남긴 인물로 평가되는 분은 누구입니까?
[확장] 역대 총장, 역대급
- 최연소
[예문] 올해 행정고시의 최연소 합격자는 21세의 김인주 씨입니다.
[확장] 최고령, 최연소 우승자
- 주목을 받다
[예문] 봉준호 감독의 영화 〈기생충〉이 전 세계인의 주목을 받았다.
[확장] 주목을 끌다, 각광을 받다
- 불참
[예문] 연말 모임에 불참하는 사람들이 너무 많아서 모임이 취소되었다.
[확장] 불참하다, 참석하다
- 소감
[예문] 윤여정의 아카데미 여우조연상 수상 소감이 화제가 되고 있다.
[확장] 졸업 소감, 당선 소감

12. ①

풀이

① 눈이 갑자기 많이 와서 인근의 딸기 농가의 피해가 컸다.
② 눈이 많이 내려서 산간 마을 진입로에 차량이 통제되고 있다.
③ 오후에 눈이 그쳐서 제설 작업을 시작했다.
④ 제설 작업을 시작했지만 아직 부족한 상태이다.

주요 표현

- 기습적이다
[예문] 적군의 기습적인 공격으로 인해 피해가 컸다.
[확장] 기습적인 발표, 기습적인 가격 인상
- 폭설
[예문] 어제부터 내리기 시작한 폭설로 교통 상황이 좋지 않습니다.
[확장] 폭우, 폭염
- 고립되다
[예문] 밖으로 나오지 않고 방안에서 고립된 생활을 하는 은둔형 외톨이가 많아졌습니다.
[확장] 고립시키다, 고립적이다
- 진입로
[예문] 고향으로 내려가는 차량 증가로 고속도로 진입로가 복잡합니다.
[확장] 진입하다, 진입 금지

- 제설 작업

예문 눈이 많이 내렸지만 즉각적으로 제설 작업이 진행되어 통행에는 불편이 없다.

확장 제설이 늦어지다, 제설차

- 역부족

예문 최선을 다했지만 나 혼자 해결하기에는 역부족이었다.

확장 역부족이다, 역부족하다

22. ①

풀이

① 인주 제과의 신제품은 중년층에게 인기가 많다.
② 인주 제과의 신제품은 입소문을 통해 인기를 끌었다.
③ 인주 제과의 신제품은 어른들의 안주를 대용하기에 좋다는 평가를 받았다.
④ 인주 제과는 신제품의 수요가 많아서 다음 달부터 생산량을 2배로 늘리기로 했다.

주요 표현

- 출시하다

예문 이번에 출시한 휴대전화는 노인들을 위해 기능을 단순화시킨 것이 특징입니다.

확장 출시되다, 출시 기념

- 평가

예문 이번 회사 조직 개편에 대해 부정적인 평가가 많다.

확장 평가를 받다, 신용 평가

- 수요

예문 미세먼지가 심해서 마스크 수요가 대폭 늘었다.

확장 수요 예측, 수요 조사

- 대용

예문 이 테이블은 식탁 대용으로 사용되고 있다.

확장 식사 대용, 대용품

- 손색이 없다

예문 이 음식은 손님 초대상에 올려도 전혀 손색이 없는 일품요리입니다.

확장 신랑감으로 손색이 없다, 손색없이

- 품귀

예문 소아 해열제 전문 제약사가 문을 닫으면서 해열제 품귀로 비상이다.

확장 품귀 현상, 품귀 대란

4 수필의 내용 파악하기

23. ③

풀이

'숨이 막힌다'는 표현은 숨을 쉴 수 없을 정도로 답답함을 나타낼 때 사용한다. 쳇바퀴 돌듯 반복되는 일상생활이 답답하고 불만스러움을 이야기하고 있다.

주요 표현

- 업무

예문 평일 업무 시간은 오전 9시부터 오후 6시까지입니다.

확장 업무 방해, 업무 지시

- 처리

예문 이번 일은 시급한 사항이니 신속하게 처리해 주시기 바랍니다.

확장 처리하다, 사고 처리

- 지치다

예문 오늘은 야근까지 했더니 지쳐서 걸어갈 힘도 없다.

확장 일상에 지치다, 일에 지치다

- 막히다

예문 어머니와 이야기가 통하지 않을 때 숨이 막힐 듯이 답답하다.

확장 말문이 막히다, 기가 막히다

- 균형

예문 영양분을 골고루 섭취할 수 있도록 균형 잡힌 식사를 하는 게 중요하다.

확장 균형을 잡다, 불균형

- 핑계

예문 동생은 이 핑계, 저 핑계를 대며 집안일을 하지 않는다.

확장 핑계를 대다, 핑곗거리

24. ④

풀이

① 나는 아직 서른이 넘지 않았다.
② 나는 이번에 합격할 수 있으리라고 기대를 했다.
③ 나는 아직 부모님에게 용돈을 받아서 생활하고 있다.
④ 나는 지금까지 방송 기자가 되기 위한 취업 준비를 해 왔다.

주요 표현

- 떳떳하다

예문 나는 잘못한 것이 없기 때문에 떳떳하다.

확장 떳떳하게 말하다, 떳떳하게 행동하다
- 뒷바라지하다
예문 아버지는 가족을 뒷바라지하느라고 자신의 인생을 희생하신 분이다.
확장 남편을 뒷바라지하다, 자식을 뒷바라지하다
- 내심
예문 부모님이 겉으로는 표현하지 않으셨지만 내심 기쁘신 눈치였다.
확장 내심 좋아하다, 내심 기대하다
- 한심스럽다
예문 대학생인데도 부모님에게 휴대전화를 사달라고 떼를 쓰는 동생이 한심스럽다.
확장 한심하다, 한심스럽게
- 하염없이
예문 떠나가는 남자친구를 하염없이 바라만 보고 있었다.
확장 하염없이 기다리다, 하염없이 울다

5 설명문의 내용 파악하기

32. ①

풀이
① 커피의 산미는 커피 맛을 향상시킨다.
② 커피의 산미가 강하면 시큼한 맛이 난다.
③ 높은 곳에서 재배되는 커피는 산미가 강하다.
④ 커피 가공 과정에 따라 산미가 달라진다.

주요 표현
- 정의하다
예문 행복이 무엇인지 한마디로 정의 내리기 어렵다.
확장 정의를 내리다, 새롭게 정의하다
- 풍미
예문 음식은 재료 자체의 맛과 풍미를 느낄 수 있는 것이 가장 좋다.
확장 풍미를 살리다, 풍미가 있다
- 재배
예문 상추 등의 쌈 채소는 특별한 재배 기술이 없어도 재배가 가능하다.
확장 재배 방법, 수경 재배
- 가공
예문 요즘 젊은이들이 가공식품 섭취량이 늘어서 건강에 문제가 되고 있다.
확장 가공하다, 가공육

- 고도
예문 비행기가 갑자기 고도가 낮아지더니 추락했다.
확장 고도가 높다, 고도를 유지하다

33. ④

풀이
① 최근까지 신약 개발의 성공률이 높지 않다.
② 임상시험을 모두 통과해도 판매 허가를 받아야 의약품으로 판매가 가능하다.
③ 신약을 개발할 때 사람을 대상으로 하는 임상시험을 해야 한다.
④ 임상시험 허가 승인이 나야 사람을 대상으로 임상시험을 진행할 수 있다.

주요 표현
- 대상
예문 대학생 500명을 대상으로 설문 조사를 실시하였다.
확장 실험 대상, 연구 대상
- 독성
예문 공장에서 독성 화학 물질이 누출되었다는 신고가 들어와서 조사 중이다.
확장 독성 물질, 독성이 강하다
- 통과하다
예문 서류 심사를 통과해야 면접을 볼 수 있다.
확장 통과되다, 예선 통과
- 허가
예문 촬영 허가를 받아야 촬영이 가능하다.
확장 허가하다, 허가가 나다
- 승인하다
예문 미성년자에게도 백신 접종을 승인해 달라고 요청을 했다.
확장 승인되다, 승인을 받다

34. ④

풀이
① 집착형 불안정 애착은 부모의 초기 양육 방법과 관련이 있다.
② 집착형 불안정 애착은 방치해 두면 증상이 심해진다.
③ 집착형 불안정 애착이 있는 사람은 타인에게 지나치게 집착한다.
④ 집착형 불안정 애착의 치료 방법은 개인의 상황에 따라 상이하다.

주요 표현

- 집착

예문 사랑과 집착은 차원이 다른 문제이다.

확장 집착하다, 집착이 강하다

- 애착

예문 이 의자는 오래된 물건이지만 애착이 가는 물건이라서 버리지 못한다.

확장 애착을 느끼다, 애착이 강하다

- 양육

예문 부모의 양육 방법이 아이들의 성격 형성에 많은 영향을 미친다.

확장 양육권, 양육비

- 형성하다

예문 상대방에 대한 이해가 밑바탕이 되어야 공감대를 형성할 수 있다.

확장 형성되다, 여론 형성

- 방치하다

예문 빈집들을 오래 방치해 둔 결과 동네가 우범지대가 되어 버렸다.

확장 그대로 방치하다, 방치되다

46. ③

풀이

대중 예술인은 나라의 명예나 국익을 위해서가 아니라 개인의 이익과 인기를 위해서 활동하므로 병역 특례 대상자가 되면 안 된다는 것을 주장하는 글이다.

주요 표현

- 병역

예문 대한민국 남자는 누구나 병역 의무가 있다.

확장 병역 면제, 병역 기피

- 특례

예문 신혼부부를 대상으로 하는 특례 대출이 내년까지 연장됩니다.

확장 특례법, 특례 입학

- 복무

예문 예전에 비해 군 복무 기간이 상당이 줄어들었다.

확장 복무하다, 군 복무를 마치다

- 명예

예문 지위나 명예보다 진정한 사랑을 찾아 떠났다.

확장 명예 훼손, 명예 회복

- 영리

예문 사회봉사 단체가 개인의 영리를 목적으로 하는 것은 있을 수 없는 일입니다.

확장 영리를 추구하다, 영리 법인

6 소설의 내용 파악하기

42. ④

풀이

잘 성장한 자식들이 준비한 환갑잔치에서 그동안 힘들었던 시간들이 사라지는 느낌을 받으며 감격스러워하는 마음을 나타내고 있다.

주요 표현

- 청각

예문 병원에서 청각 검사를 했는데 별 이상이 없다고 한다.

확장 시각, 후각

- 엄격하다

예문 음주 운전으로 인한 사고는 엄격하게 처벌해야 한다.

확장 기준이 엄격하다, 엄격한 심사

- 결핍

예문 먹을 것이 넘쳐나는 현대에도 영양소 결핍으로 고생하는 사람들이 많다.

확장 애정 결핍, 주의력 결핍

- 성장하다

예문 10년 만에 만난 조카는 어엿한 청년으로 성장해 있었다.

확장 성장기, 성장세

43. ④

풀이

① 수철은 초등학교와 중학교 때 친구들에게 반항했으나 효과는 없었다.

② 수철은 몸이 약하고 체격이 작아서 친구들에게 괴롭힘을 당했다.

③ 수철은 대학을 졸업한 후 재택근무가 가능한 곳에 취업해서 집에서 생활하기 시작했다.

④ 수철은 고등학교 때부터 자신을 드러내지 않고 생활했다.

주요 표현

- 반항

예문 사춘기 때는 부모님에게 반항을 많이 해서 부모님이 힘들어하셨다.

확장 반항심, 반항기

- 요청하다
  - 예문 기차가 고장 나서 출발 시간이 2시간 지연되자 고객들이 환불을 요청했다.
  - 확장 요청 사항, 지원 요청
- 철저하다
  - 예문 이번 여행은 한 달 전부터 철저하게 준비했다.
  - 확장 관리가 철저하다, 철저히
- 드러내다
  - 예문 김영수는 자신을 드러내지 않고 뒤에서 묵묵히 일하는 직원이다.
  - 확장 본색을 드러내다, 드러나다
- 무난히
  - 예문 서류 심사는 무난히 통과했는데 면접이 걱정이다.
  - 확장 성격이 무난하다, 무난하게 해결되다

7 칼럼의 내용 파악하기

47. ①

풀이

① 다이아몬드는 탄소 덩어리로 만들어진 보석이다.
② 인공 다이아몬드 감정서의 감정 기준은 천연 다이아몬드 감정 기준과 같다.
③ 인공 다이아몬드와 천연 다이아몬드는 구별하기가 아주 어렵다.
④ 천연 다이아몬드 제작 과정에서 노동력 착취나 환경오염 문제가 발생한다.

주요 표현

- 희소성
  - 예문 명품 옷이 비싼 이유 중의 하나는 희소성이다.
  - 확장 희소성이 있다, 자원의 희소성
- 구현하다
  - 예문 화재로 소실된 문화재를 옛 모습 그대로 구현해 냈다.
  - 확장 구현되다, 정의 구현
- 육안으로
  - 예문 저 쌍둥이는 너무 닮아서 육안으로 구별할 수 없을 정도이다.
  - 확장 육안으로 확인하다, 육안으로 관찰하다
- 제조
  - 예문 우리나라의 선박 제조 기술은 세계 최고이다.
  - 확장 제조하다, 제조업
- 감정
  - 예문 보석의 진위 여부를 확인하기 위해서 감정을 의뢰했다.
  - 확장 감정하다, 감정사
- 착취
  - 예문 일을 시키고 임금을 지불하지 않는 것은 노동력 착취입니다.
  - 확장 착취하다, 착취를 당하다

50. ②

풀이

① 복권의 판매 수익이 저소득층이나 소외 계층을 위해서 사용된다.
② 복권 당첨에 대한 기대심리 때문에 사람들은 복권을 구입한다.
③ 복권 당첨금이 높을수록 복권 판매율이 증가한다.
④ 복권 판매의 수익금을 제대로 관리하지 않아서 사회적으로 문제가 되고 있다는 내용은 없다.

주요 표현

- 확률
  - 예문 이번 시합에서 우리가 이길 확률은 희박하다.
  - 확장 확률이 높다, 확률이 낮다
- 당첨
  - 예문 아파트 청약에 당첨이 되어서 내년에 새집으로 이사를 간다.
  - 확장 당첨되다, 당첨금
- 엄청
  - 예문 10년 만에 열리는 공연이라서 표를 구하려는 사람들이 엄청 많다.
  - 확장 엄청나다, 엄청난
- 사행심
  - 예문 엄청난 1등 당첨금은 사람들의 사행심을 자극하기도 한다.
  - 확장 사행심을 조장하다, 사행심을 부추기다
- 조장하다
  - 예문 과대광고는 사람들의 과소비를 조장할 수 있다.
  - 확장 조장되다, 위화감 조장
- 일확천금
  - 예문 한 번에 일확천금을 벌 수 있는 방법이 있을까?
  - 확장 일확천금을 노리다, 일확천금을 꿈꾸다

[유형 ❹ B]

1 안내문의 내용 파악하기

9. ③

풀이

① 추가 소독은 9월 10일 하루 동안 진행된다.
② 추가 소독은 고층 세대부터 진행된다.
③ 추가 소독은 미리 신청해야 받을 수 있다.
④ 추가 소독에 대한 문의는 관리실에 전화하면 된다.

주요 표현

• 추가
예문 비행기를 탈 때 가방 무게가 20kg을 초과하면 추가 요금을 내야 한다.
확장 추가 비용, 추가 모집

• 소독
예문 상처 부위를 깨끗하게 소독해야 합니다.
확장 살균 소독, 방역 소독

• 해당
예문 오랜만에 친구를 만나서 반가워서 어깨를 쳤는데, 이것도 폭력에 해당되나요?
확장 해당 사항, 해당 부서

• 세대
예문 이 아파트는 약 3,000세대의 대단지 아파트이다.
확장 세대 분리, 세대주

2 그래프의 내용 파악하기

10. ④

풀이

① 정부가 책임을 져야 한다는 의견은 5.5%이다.
② 부모가 스스로를 부양해야 한다는 의견은 12.7%이다.
③ 가족이 부모를 부양해야 한다는 의견은 19.7%이다. 가장 소수의 의견은 정부가 부양해야 한다는 의견이다.
④ 가족과 사회가 함께 부양해야 한다는 의견이 62.1%로 가장 다수이다.

주요 표현

• 노후
예문 노후를 편하게 보내려면 젊었을 때 설계를 잘 해야 한다.
확장 노후 대책, 노후 설계

• 생계
예문 대부분의 아버지들은 가족의 생계를 위해서 일한다.
확장 생계를 꾸리다, 생계비

• 해결
예문 정부의 중재로 노사문제가 해결되었다.
확장 해결하다, 해결책

3 기사의 내용 파악하기

11. ②

풀이

① 시민 5명이 화재 현장에서 운전자를 구조했다.
② 화재 현장에서 도움을 준 시민 5명이 '용감한 시민상'을 받았다.
③ 시민 5명은 화재를 목격하고 즉시 119에 신고한 후에 불을 끄려고 했고 이어서 운전자를 구조했다.
④ 화재가 발생한 전기차 운전자는 안전하게 구조되었다.

주요 표현

• 현장
예문 사람들이 사고 현장을 보려고 몰려들었다.
확장 건설 현장, 현장 경험

• 갇히다
예문 승강기가 고장이 나서 2시간 동안 안에 갇혀 있었다.
확장 감옥에 갇히다, 가두다

• 구조
예문 지진이 발생한 지역에서 주민들이 구조를 요청했다.
확장 구조하다, 구조견

• 용감하다
예문 위험 속에서도 남을 돕는 용감한 사람들이 많다.
확장 용감한 행동, 용감한 모습

• 목격하다
예문 지나가다가 우연히 사고를 목격했다.
확장 목격되다, 목격자

• 진화
예문 물류창고에 불이 나서 5시간 동안 진화 작업이 이루어졌다.
확장 산불 진화, 여론을 진화하다

12. ②

풀이

① 인주시에서는 올해도 봄꽃 축제를 열었다.

② 인주시에 해마다 벚꽃을 구경하려는 인파가 몰린다.
③ 인주시는 '전국의 걷기 좋은 길'에 선정됐다.
④ 인주시뿐만 아니라 전국 각지에서 주말 사이에 봄꽃 축제가 열리고 있다.

주요 표현

- 절정
  - 예문 이번 주말쯤 추위가 절정에 달할 것으로 보인다.
  - 확장 절정에 이르다, 인기 절정에 오르다
- 장식
  - 예문 웨딩드레스의 화려한 장식이 눈길을 끌었다.
  - 확장 장식하다, 장식품
- 반기다
  - 예문 어머니는 오랜만에 만난 아들을 버선발로 반기셨다.
  - 확장 반갑다, 반가워하다
- 장관
  - 예문 울긋불긋한 단풍으로 가을 산은 장관이었다.
  - 확장 장관이다, 장관을 이루다
- 인파
  - 예문 행사장 주변은 구경 나온 인파로 발 디딜 틈도 없었다.
  - 확장 인파가 넘치다, 인파로 뒤덮이다
- 선정
  - 예문 제주도는 유네스코 자연유산으로 선정되었다.
  - 확장 선정하다, 작품 선정

22. ②

풀이

① 약물 남용자들은 객관적인 시각으로 자신의 행동을 바라볼 수 없다.
② 약물 남용과 관련된 문제는 상시 상담을 받을 수 있다.
③ 약물 남용 문제의 해결을 위해서 보건 당국이 손을 놓고 있었다.
④ 약물 남용에 대해서 본인은 물론 가족이나 지인 등 주변 사람도 도움을 요청할 수 있다.

주요 표현

- 남용
  - 예문 외국어 남용으로 국민들의 언어생활에 문제가 발생하고 있다.
  - 확장 남용하다, 자원 남용
- 홍보
  - 예문 작품의 홍보를 위해서 주연급 배우들이 총출동했다.
  - 확장 홍보하다, 홍보물
- 부정하다
  - 예문 용의자는 끝까지 자신의 범행을 부정했다.
  - 확장 신을 부정하다, 현실을 부정하다
- 합리화
  - 예문 합리화는 책임을 회피하거나 죄책감에서 벗어나기 위한 행동이다.
  - 확장 합리화하다, 자기 합리화
- 필수적
  - 예문 역사는 학생들이 필수적으로 들어야 하는 과목이다.
  - 확장 필수적이다, 필수적 요소
- 구축하다
  - 예문 기업들은 세계를 무대로 판매망을 구축하기 위해서 경쟁한다.
  - 확장 신뢰를 구축하다, 통신망을 구축하다

4 수필의 내용 파악하기

23. ②

풀이

'한숨이 나오다'라는 표현은 걱정이나 실망을 나타낼 때 사용한다. 비가 오지 않는 상황에서 무더운 날씨가 계속될 거라는 일기예보에 대해 아쉽고 실망스러움을 이야기하고 있다.

주요 표현

- 무심히
  - 예문 많은 사람들이 길에 쓰러진 사람을 보고도 무심히 지나갔다.
  - 확장 무심하다, 무심하게
- 메마르다
  - 예문 논과 밭이 메말라서 농부들이 애를 태우고 있다.
  - 확장 땅이 메마르다, 감정이 메마르다
- 바람
  - 예문 자식의 성공은 모든 부모들의 바람일 것이다.
  - 확장 바라다, 바람대로
- 날카롭다
  - 예문 날카로운 칼날에 손끝을 베었다.
  - 확장 날카로운 관찰력, 날카로운 인상
- 잦아지다
  - 예문 승진을 하고부터는 회사에서 야근을 하는 일이 잦아졌다.
  - 확장 외박이 잦다, 사고가 잦다

- 지속

  예문 우리 경제는 오랫동안 성장을 지속해 오고 있다.

  확장 지속 시간, 지속 가능성

- 가혹하다

  예문 모든 전쟁이 남기는 상처는 가혹하다.

  확장 처벌이 가혹하다, 가혹 행위

24. ②

풀이

① 나는 학생 시절에 운동을 싫어해서 체육시간마다 핑계를 대고 교실에 남았다.

② 나는 오늘 구청장배 축구대회에 선수로 참가해서 열심히 뛸 것이다.

③ 나는 지인의 권유로 마지못해 축구동아리에 가입했다.

④ 나는 운동하는 친구들을 보며 바보 같다고 생각한 적이 있다.

주요 표현

- 뒤척이다

  예문 잠을 깨고도 이불 속에서 뒤척이며 일어나지 않았다.

  확장 몸을 뒤척이다, 물건을 뒤척이다

- 잠을 설치다

  예문 요즘 악몽에 시달리기도 하고 잠을 설치기도 한다.

  확장 밤잠을 설치다, 끼니를 설치다

- 울렁거리다

  예문 나무로 된 바닥이 울렁거려서 중심을 잡기가 어려웠다.

  확장 속이 울렁거리다, 가슴이 울렁거리다

- 핑계

  예문 몸이 아프다는 핑계로 동창회에 가지 않았다.

  확장 핑계를 대다, 핑곗거리를 만들다

- 함성

  예문 관중들의 함성 소리에 선수들은 힘을 얻는다.

  확장 함성을 지르다, 함성이 터지다

- 권유

  예문 의사의 권유로 운동을 시작했다.

  확장 권유하다, 권유를 받다

- 거두다

  예문 사장은 올 한 해 동안 거둔 성과를 발표했다.

  확장 성공을 거두다, 승리를 거두다

5 설명문의 내용 파악하기

32. ②

풀이

① 겨울 철새는 북쪽에서 번식을 하고 겨울에 남쪽으로 이동해서 월동을 한다.

② 철새는 번식하는 번식지와 겨울을 나는 월동지가 다르기 때문에 붙여진 이름이다.

③ 겨울 철새는 이동을 한 후에 강변이나 습지에서 집단생활을 한다.

④ 철새는 물과 먹이가 풍부한 지역에 둥지를 튼다.

주요 표현

- 번식

  예문 세균의 번식을 막으려면 물기를 없애야 한다.

  확장 번식하다, 가축 번식

- 월동

  예문 찬바람을 막을 수 없는 곳에서 월동을 하기는 어렵다.

  확장 월동 준비, 겨울을 나다

- 둥지

  예문 새들은 나뭇가지로 둥지를 꾸민다.

  확장 둥지를 틀다, 새 둥지

- 집단

  예문 대부분의 사람들은 집단의 이익을 위해서 싸운다.

  확장 집단을 이루다, 집단으로

- 도래

  예문 인터넷의 발달로 정보화 시대가 도래했다.

  확장 철새 도래지, 유효기간이 도래하다

- 끼다

  예문 돌담을 끼고 돌면 커다란 대문이 보인다.

  확장 아이를 끼고 살다, 책을 끼고 살다

33. ③

풀이

① 은행나무는 대량 멸종 속에서 살아남은 식물이다.

② 은행나무가 대표적인 화석 식물이지만 가장 오래된 것인지에 대한 설명이 없다.

③ 은행나무는 진화 과정을 설명할 수 있는 중요한 단서이다.

④ 은행나무는 오랜 기간에 걸쳐 형태와 기능이 크게 변하지 않았다.

주요 표현

- 화석
  예문 2억 년 전의 공룡 화석이 발견되었다.
  확장 화석화되다, 화석처럼 굳다
- 흡수하다
  예문 식물은 뿌리를 통해서 영양분을 흡수한다.
  확장 기름을 흡수하다, 흡수력
- 증산
  예문 농산물 증산으로 식량 문제가 해결되었다.
  확장 증산하다, 늘리다
- 조절하다
  예문 체중을 줄이기 위해서 식사량을 조절해야 한다.
  확장 조절되다, 온도 조절
- 멸종
  예문 멸종 위기에 놓인 야생동물이 많다.
  확장 멸종하다, 멸종 동식물
- 진화
  예문 인간의 진화 과정을 규명하려고 노력하고 있다.
  확장 진화하다, 진화론
- 단서
  예문 경찰이 범행의 단서를 찾기 위해 철저히 조사했다.
  확장 단서를 잡다, 결정적 단서

34. ②

풀이

① 한지가 사용되기 시작한 시기에 대한 구체적인 증거가 없다.
② 한지는 오랫동안 보존할 수 있는 내구성이 강한 재료이다.
③ 한지는 한국의 전통 방식으로 만들어진 종이를 가리킨다.
④ 한지를 사용해서 종이로 만들어진 문화재를 복원한다.

주요 표현

- 제조하다
  예문 북한은 핵무기를 제조하는 기술을 개발하려고 한다.
  확장 제조 기술, 제조법
- 구체적이다
  예문 사고가 발생한 것은 알지만 구체적인 내용까지는 모른다.
  확장 구체적으로, 구체화하다
- 증거
  예문 경찰이 범행의 확실한 증거를 찾고 있다.
  확장 직접적인 증거, 증인

- 유입되다
  예문 오염된 물이 지하수로 유입되지 않도록 해야 한다.
  확장 유입 인구, 유입량
- 내구성
  예문 내구성이 강해도 디자인이 예쁘지 않으면 안 팔린다.
  확장 내구성이 좋다, 내구성을 높이다
- 발굴되다
  예문 공사 현장에서 많은 문화재가 발굴되었다.
  확장 발굴하다, 신인 발굴
- 복원하다
  예문 훼손된 숲을 복원하는 데 오랜 시간이 걸린다.
  확장 복원되다, 문화재 복원

46. ①

풀이

자연에서 구한 식재료로 만든 음식으로 전염병을 예방하고 치료할 수 있으므로 현대인들은 가공식품이나 화학성분이 포함되지 않은 음식을 통해서 건강을 지켜야 한다는 내용이다.

주요 표현

- 다스리다
  예문 약으로 다스릴 수 없는 병도 있다.
  확장 나라를 다스리다, 마음을 다스리다
- 몰아넣다
  예문 정책의 실패가 국민을 곤경에 몰아넣었다.
  확장 궁지에 몰아넣다, 불행으로 몰아넣다
- 위협
  예문 묻지마 범죄로 사람들이 신변에 위협을 느낀다.
  확장 위협하다, 위협적이다
- 유혹
  예문 어렸을 때는 나쁜 친구의 유혹에 빠지기 쉽다.
  확장 유혹하다, 유혹을 뿌리치다
- 장수하다
  예문 장수하는 사람들은 대개 스트레스가 적은 사람들이다.
  확장 장수 마을, 장수의 비결
- 되새기다
  예문 어려움이 있을 때마다 부모님의 가르침을 되새긴다.
  확장 깊이 되새기다, 마음속에 되새기다

6 소설의 내용 파악하기

42. ②

풀이

지나는 기가 죽어 있었고 자신감이 없는 아이였으나 중학교 담임 선생님 덕분에 달라졌다. '어깨를 으쓱거리며'에서 자랑스러워하는 태도를 알 수 있다.

주요 표현

- 왜소하다
  - 예문 몸집이 왜소한 아이들은 친구들의 놀림감이 되기 쉽다.
  - 확장 체구가 왜소하다, 왜소한 존재
- 존재감
  - 예문 자신이 중요하다는 믿음은 자신감을 높이고 존재감을 키운다.
  - 확장 존재감이 있다, 존재감을 나타내다
- 태반
  - 예문 주민들 태반이 개발 계획을 모르고 있었다.
  - 확장 일 년 중 태반, 반 이상
- 치켜세우다
  - 예문 별로 한 것도 없는데 주위에서 자꾸 치켜세우면 부끄럽다.
  - 확장 영웅으로 치켜세우다, 애국자라고 치켜세우다
- 개입
  - 예문 양국의 갈등은 주변국들의 개입으로 해소되었다.
  - 확장 개입하다, 군사적 개입
- 인식하다
  - 예문 현실을 정확하게 인식해야 해결책이 나온다.
  - 확장 인식이 바뀌다, 인식이 부족하다
- 제어하다
  - 예문 자신의 감정을 제어하지 못하면 인간관계에 문제가 생긴다.
  - 확장 제어장치, 제어 능력
- 감소하다
  - 예문 수입이 감소하고 수출이 증가하면 경제에 도움이 된다.
  - 확장 감소되다, 인구 감소
- 상용화하다
  - 예문 새로운 기술을 상용화하기까지 많은 시간이 필요하다.
  - 확장 상용화되다, 상용화 단계
- 일쑤이다
  - 예문 표정이 어두운 사람은 오해를 받기가 일쑤이다.
  - 확장 지각하기가 일쑤이다, 굶기가 일쑤이다
- 따돌리다
  - 예문 친구들이 나를 따돌리고 자기들끼리만 논다.
  - 확장 따돌림을 당하다, 따돌림을 견디다

43. ②

풀이

① 준하는 육아를 휴직을 하겠다고 먼저 아내에게 제안했다.
② 준하는 아이를 키우기 위해서 휴직을 하려고 한다.
③ 아내가 준하보다 월급을 많이 받고 승진 기회도 있다.
④ 부장은 아빠보다 엄마가 아이를 키우는 게 낫다고 생각한다.

주요 표현

- 머뭇거리다
  - 예문 부끄러워서 머뭇거리다가 결국 말을 못했다.
  - 확장 머뭇대다, 머뭇머뭇하다
- 더듬거리다
  - 예문 여러 사람 앞에 서면 긴장돼서 더듬거리게 된다.
  - 확장 더듬대다, 말을 더듬다
- 육아
  - 예문 출산과 육아에 대한 부담 때문에 출산율이 줄고 있다.
  - 확장 육아 일기, 육아 휴직
- 대꾸하다
  - 예문 중요하지 않은 얘기에 일일이 대꾸할 필요 없다.
  - 확장 말대꾸하다, 대답하다
- 단절되다
  - 예문 바깥세상과 단절된 채 혼자 살아가는 외톨이들이 있다.
  - 확장 대화가 단절되다, 단절하다
- 흔쾌히
  - 예문 돈이 부족했는데 친구가 흔쾌히 빌려줬다.
  - 확장 흔쾌히 허락하다, 흔쾌히 받아들이다

7 칼럼의 내용 파악하기

47. ②

풀이

① 자율주행자동차가 운전자를 대체하게 되면 자동차 절도나 교통사고와 관련된 범죄를 줄일 수 있다.
② 자율주행자동차가 일반화되면 운전자 부주의에 의한 교통사고를 줄일 수 있다.

③ 현재 자율주행자동차는 특정 상황에서 운전자가 개입하는 단계이다. 모든 상황에서 운전자의 개입이 필요 없는 완전자율주행 단계를 앞두고 있다.
④ 자율주행자동차가 상용화되면 해킹에 의한 사이버 범죄가 발생할 것으로 우려된다.

주요 표현

- 개입
[예문] 양국의 갈등은 주변국들의 개입으로 해소되었다.
[확장] 개입하다, 군사적 개입
- 인식하다
[예문] 현실을 정확하게 인식해야 해결책이 나온다.
[확장] 인식이 바뀌다, 인식이 부족하다
- 제어하다
[예문] 자신의 감정을 제어하지 못하면 인간관계에 문제가 생긴다.
[확장] 제어장치, 제어 능력
- 감소하다
[예문] 수입이 감소하고 수출이 증가하면 경제에 도움이 된다.
[확장] 감소되다, 인구 감소
- 상용화하다
[예문] 새로운 기술을 상용화하기까지 많은 시간이 필요하다.
[확장] 상용화되다, 상용화 단계

[확장] 출전자, 출전권
- 유치하다
[예문] 정부는 외국의 자본을 국내에 유치하기 위해서 노력했다.
[확장] 대회를 유치하다, 유치 경쟁
- 체감하다
[예문] 유학을 하면서 외국 생활의 어려움을 체감했다.
[확장] 체감 온도, 체감 물가
- 보급되다
[예문] 각 학교에 학습용 컴퓨터가 보급되었다.
[확장] 물자 보급, 보급률
- 극복하다
[예문] 회사의 경제적 어려움을 극복하기 위해서 모두가 힘을 모았다.
[확장] 시련을 극복하다, 극복 방안
- 계승하다
[예문] 우리는 전통문화를 계승하고 발전시켜야 한다.
[확장] 계승되다, 왕위 계승

50. ①

풀이

① 도시 홍보와 지역 경제를 활성화시키기 위해서 올림픽을 유치하려고 노력한다.
② 올림픽은 전 세계 최대 규모이며 세계적으로 권위 있는 대회이다.
③ 올림픽을 통해서 세계의 수많은 도시들이 도시를 홍보하려고 노력한다.
④ 국제올림픽위원회가 아니라 일각에서는 올림픽이 급격히 상업화되고 있다며 우려하고 있다.

주요 표현

- 권위
[예문] 과학 분야에서 세계적으로 권위 있는 전문가들이 모였다.
[확장] 권위를 잃다, 권위적이다
- 출전하다
[예문] 월드컵대회에 출전하는 선수들이 인터뷰를 했다.

MEMO

MEMO

MEMO

www.ingramcontent.com/pod-product-compliance
Lightning Source LLC
LaVergne TN
LVHW081551060526
838201LV00054B/1853